Dr. Li Wu

Immunpower mit Chinatees

midena

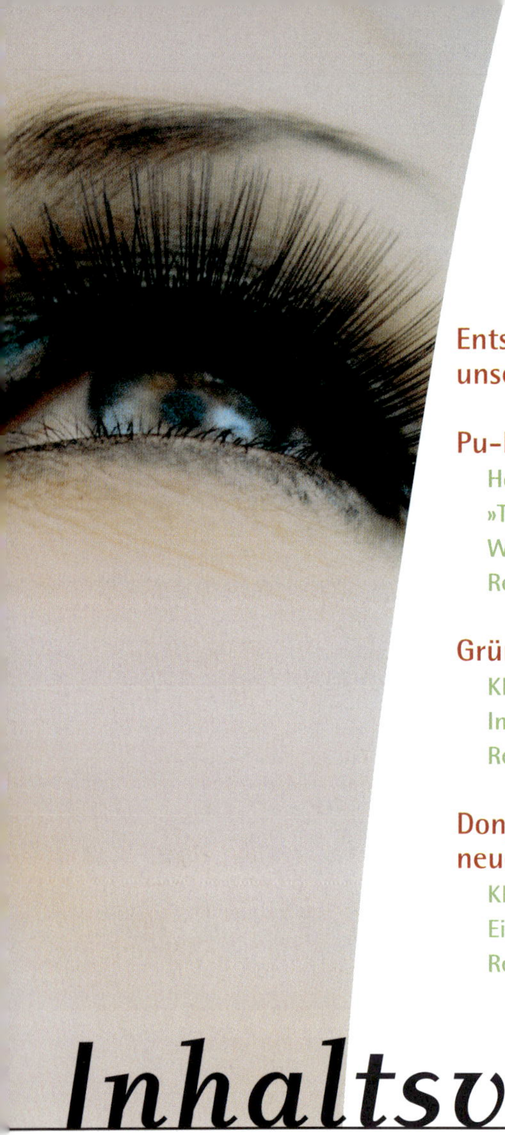

Inhaltsverzeichnis

LONDON
TOKYO

Entscheidend für die Gesundheit – unsere Immunabwehr

Chinesische Heiltees wirken positiv auf das Verhältnis von Yin und Yang und stärken die Immunabwehr.

Yin und Yang – Gesundheit durch ausgewogene Energie

In der chinesischen Philosophie wie auch in der Traditionellen Chinesischen Medizin (TCM) basiert die Einheit von Körper, Geist und Seele – und damit die Gesundheit einer Person – auf der Ausgewogenheit von Yin- und Yang-Energien. Seit mehr als 5000 Jahren trinken die Chinesen unterschiedliche Teesorten. Sie tun es, um ihr körperliches und seelisches Gleichgewicht und damit ihre Gesundheit zu erhalten. Durch genaue Beobachtung der Natur haben sie Erfahrungen darüber gesammelt, welche Pflanzen und daraus gewonnene Teesorten dauerhaft und ohne Nebenwirkungen das Yin- und Yang-Gleichgewicht des Körpers bewahren.

Geschwächte Abwehrkraft

Die Realität jedoch sieht meist anders aus. Yin- und Yang-Energie befinden sich in den seltensten Fällen im Gleichgewicht, was sich zuerst in einem geschwächten Immunsystem manifestiert. Häufige Krankheitserreger wie Viren und Bakterien, die eine Vielzahl von Infektionskrankheiten auslösen können – angefangen bei Erkältungen und Grippe bis hin zur Gürtelrose, Lungenentzündung und Kinderlähmung – werden dann vom Abwehrsystem nicht mehr ausreichend in Schach gehalten. Auch Pilze wie die Hefe Candida albicans, die

Gut zu wissen

Die Qualitäten von Yin und Yang

Yang
- Aktivität
- Kraft
- Klarheit
- Vernunft
- Ausdauer

Yin
- Passivität
- Sanftheit
- Phantasie
- Emotionalität
- Schwäche

massive Infektionen des gesamten Verdauungssystems auslösen kann, oder Einzeller (so genannte Protozoen) wie das Malaria verursachende Plasmodium können dann den Körper gefährden.

So stärken Sie Ihr Immunsystem

Da unsere Gesundheit wesentlich von einem gut funktionierenden Immunsystem abhängt, ist es wichtig zu wissen, wie man die körpereigenen Abwehrkräfte stärken kann.

Wenn Sie dafür sorgen, dass Sie Ihre Ernährung ausgewogen gestalten, genügend trinken, sich ausreichend Bewegung verschaffen, und auch Frischluft und Sonne nicht zu kurz kommen, haben Sie schon bestens vorgesorgt.

Tee – ein unschätzbarer Beitrag zur Gesundheit

Trinken ist ein wichtiger Bestandteil unserer Ernährung. Das wussten bereits die kaiserlichen Ärzte in China und haben ihren Herrschern empfohlen, Tee zu trinken, um Yin und Yang im Gleichgewicht zu halten und damit das Immunsystem zu stärken.

Schon 2737 Jahre vor Beginn unserer Zeitrechnung untersuchte und katalogisierte der »Kaiser der Mediziner«, Shen Nong Shi, in China Kräuter und Tees im Hinblick auf ihre heilende Wirkung; und auch in historischen Anekdoten aus Chinas Herrscherdynastien findet man immer wieder Beweise für die überragende Heilwirkung von Tee. Wie hoch in China Tee geschätzt wurde und wird, verdeutlicht auch das umfassende Teeverzeichnis von Liu Yu, welches das erste seiner Art in der chinesischen Medizingeschichte ist, und sein »Tao des Tees«, in dem er beschreibt, wie die verschiedenen Teesorten richtig zubereitet und getrunken werden.

Chinatees vereinen die heilenden und belebenden Kräfte der Natur in sich.

Auch dieses Buch ist eine kleine Geschichte des Tees und soll Ihnen, lieber Leser, aufzeigen, dass chinesischer Tee nicht nur ein wohl schmeckendes Genussmittel, sondern auch ein wichtiges Nahrungs- und Heilmittel ist.

München, im Winter 1999
Dr. Li Wu

Pu-Erh-Tee wird seit mehr als 1700 Jahren in der chinesischen Provinz Yunnan, dem Heilkräutergarten Chinas, angebaut. Und seit dieser Zeit gilt er bei den Menschen dieser Region als »segensreiches Getränk für die Gesundheit«. Unter Teekennern zählen die hochwertigen Sorten des Pu-Erh-Tees zu den besten der Welt. Seine hohe Wertschätzung in China wird durch den Titel »Schatz der chinesischen Nation« dokumentiert, eine von der Regierung vergebene Auszeichnung, die nur nach allerstrengsten Kriterien erfolgt.

Pu-Erh-Tee –

der gesunde Schlankmacher

Hohe Qualität – dank schonender Verarbeitung

Pu-Erh-Tee ist der älteste Tee in der Menschheitsgeschichte, der vor dem Aufgießen eine bestimmte Bearbeitung durch den Menschen erfährt. In China auch »Roter Tee genannt, wird er aus den großen, fleischigen Blättern eines nur in Südwestchina wachsenden Teebaums der Art Camellia sinensis gewonnen und auf eine in Yunnan seit gut eineinhalb Jahrtausenden praktizierte Weise verarbeitet.

Pu-Erh-Tee wird in einem speziellen Verfahren fermentiert; dabei bleiben die wirksamen Inhaltsstoffe voll erhalten.

Diese spezielle Technik garantiert, dass seine natürlichen Wirkstoffe nicht zerstört werden. Damals wie heute wird der Tee gedämpft und gerollt; früher wurde er dann zu Kugeln gepresst, eine Methode, die heute nur noch bei ganz billigen Tee-Sorten angewandt wird.

Qualitätsmerkmale und -klassen

Hochwertige Pu-Erh-Tees werden heute nur noch als Blätter angeboten. Erhältlich sind unterschiedliche Qualitätsklassen, wobei das Alter der Herkunftsbäume und die Blattgröße entscheidend sind – je älter der Teebaum und je kleiner das Blatt, desto höher die Qualität.

In China gilt Pu-Erh-Tee gegenwärtig als der Gesundheitsdrink Nr. 1 für Jung und Alt.

Es gibt heute offiziell 13 Klassifizierungen – von der Klasse Superior (»Tee der Kaiser«), über Klasse 1 bis hinab zu Klasse 12. Klasse Superior, aus der der »Hoftee/Tee der Kaiser« gewonnen wird, besteht nur aus den Frühlingsspitzen ganz seltener uralter »Königsbäume«, dem so genannten »Tougai« (erste Hülle).

Für die Klasse 1 des Pu-Erh-Tees wird ebenfalls ausschließlich »Tougai« verwendet, wobei die Frühlingsspitzen hier von etwas jüngeren Teebäumen stammen.

Pu-Erh-Tee niedriger Qualitätsklassen ist zwar wesentlich preisgünstiger, kann dafür aber kaum noch mit wertvollen Inhaltsstoffen aufwarten, so dass manche Klassen den Namen »Pu Erh« eigentlich schon nicht mehr verdienen.

Pu-Erh-Tee besitzt eine außerordentliche medizinische Wirksamkeit, deretwegen er in China schon von jeher geschätzt wird: Durch seine ausgleichende Wirkung auf Yin und Yang beeinflusst er den gesamten Organismus positiv.

Auch in der westlichen Medizinwelt findet der Tee mehr und mehr die ihm gebührende Anerkennung. Klinische Untersuchungen liefern den Beweis – Pu-Erh-Tee kann besonders Stoffwechsel- und ernährungsbedingte Erkrankungen günstig beeinflussen. Er entgiftet, entschlackt, regt die Verdauung an und wirkt generell stärkend auf das Immunsystem.

Da schmelzen die Pfunde ...

Pu-Erh-Tee kann erheblich dazu beitragen, einen krankhaft erhöhten Blutfettspiegel zu senken.

Ernährungsbedingtes Übergewicht kann mithilfe von Pu-Erh-Tee erfolgreich reduziert werden. Besonders viel versprechend sind die Erfolge bei übergewichtigen Menschen ab dem 40. Lebensjahr: Stark Übergewichtige verloren im Monat bis zu neun Kilogramm, mäßig Übergewichtige bis zu fünf Kilogramm, während leicht Übergewichtige mindestens 2,8 Kilogramm verloren. Doch auch bei jüngeren Übergewichtigen sind gute Erfolge zu verzeichnen.

Gute Nachricht bei erhöhten Blutfettwerten

Pu-Erh-Tee hat einen weitaus höheren Heilungseffekt als so genannte Clofibrate, Medikamente, die zur Behandlung von Lipämie eingesetzt werden. Lipämie ist eine Krankheit, bei der Fetteiweiße im Blut stark erhöht sind, entweder infolge schwerer Lebererkrankungen oder infolge eines schweren Diabetes. Eine gefürchtete Komplikation dieser Erkrankung sind Fettembolien.

Nur Pu-Erh-Tee der chinesischen Qualitätsstufe 1 enthält die wertvollen Inhaltsstoffe in ausreichender Konzentration.

»Tee der Kaiser« – die Krönung des Pu-Erh-Tees

Der qualitativ höchstwertige Tee ist nach Expertenansicht der »Tee der Kaiser« oder »Hoftee«. Die Teebäume, aus deren Blättern diese erlese Sorte von Pu-Erh-Tee gewonnen wird, gehören ebenfalls zur Art Camellia sinensis, sind aber sehr selten, teilweise mehr als tausend Jahre alt und wachsen in rund 2000 Metern Höhe im Hochland von Yunnan. Die Erntemengen fallen gering aus: Von jeher werden pro Jahr nur 20 Zentner produziert. Die Teeblätter werden von Hand gewonnen und weiterverarbeitet.

Der »Tee der Kaiser« wird von uralten Teebäumen aus der Provinz Yunnan gewonnen.

Nur das Beste vom Besten

Der »Tee der Kaiser« hat generell dieselben Eigenschaften wie hochwertiger, handelsüblicher Pu-Erh-Tee – er übertrifft diesen jedoch bei weitem in seiner Wirksamkeit:

- Stark übergewichtige Menschen verloren in einem Monat bis zu 18,3 kg an Gewicht.
- Giftstoffe werden noch intensiver aus dem Körper geschwemmt.
- Yin und Yang werden auf unübertroffene Weise ausgeglichen.
- Der »Tee der Kaisers» regt den Fluss des Qi an, beflügelt den Geist und vertieft das Denken und die innere Harmonie.

Gut zu wissen

So alt wie Chinas Heiltradition

Medizinische Textquellen aus China belegen folgende Eigenschaften und Wirkungen des Pu-Erh-Tees:

- bitteres Aroma
- schleimlösend
- verdauungsfördernd
- Fett zersetzend
- Giftstoffe abbauend
- abführend
- schweißtreibend
- entzündungshemmend
- Qi anregend
- Yin und Yang ausgleichend
- ungeeignet für überängstliche und nervöse Menschen

Wichtig – der richtige Aufguss

Pu-Erh-Tee niemals süßen und nicht zu spät am Abend genießen, sonst wird das Einschlafen erschwert.

Ein knapper halber Teelöffel der losen Teeblätter (rund zwei Gramm) kann bis zu viermal mit nicht mehr kochendem Wasser (85 °C) in einer Tasse aufgegossen werden: 20 Sekunden beim ersten Aufguss, 30 Sekunden beim zweiten Aufguss, eine Minute beim dritten und eineinhalb Minuten beim vierten Aufguss ziehen lassen. Nur beim Frühlingsspitzen-Tee (diese Blätter sind etwas heller und größer als die aus der Herbsternte) sollten Sie den ersten Aufguss 30 bis 40 Sekunden ziehen lassen, alle weiteren jedoch wie beim Pu-Erh-Tee der Klasse 1.

Für eine optimale Wirksamkeit sollten Sie mindestens drei bis fünf Tassen (je 0,25 l) über den Tag verteilt trinken und bei Diäten, außer mineralsalzarmem Wasser, nichts anderes.

Rezepte mit Pu-Erh-Tee

Zur Ergänzung des Qi (Lebensenergie) und bei Frühjahrsmüdigkeit

Zutaten

- 5 verschiedene Obstsorten (Äpfel, Birnen, Bananen, Kiwis, Sauerkirschen)
- 1 EL Honig

1. Das Obst zunächst waschen, dann im Mixer zu einem Brei pürieren und mit Honig süßen.
2. Vermischen Sie den Brei mit einem Liter Pu-Erh-Tee und nehmen Sie diese Flüssigkeit über den Tag verteilt zu sich.

Bei starkem Heuschnupfen lindert der Aufguss Augenbrennen und kräftigt die Nasenschleimhaut.

Gegen Heuschnupfen (Pollinosis)

Zutaten

- 10 frische Löwenzahnblätter
- 2 Scheiben frische Ingwerwurzel, klein gehackt

1. Einen Teelöffel Pu-Erh-Tee mit den Löwenzahnblättern und dem Ingwer in einen Liter heißes, nicht mehr kochendes Wasser geben und zehn Minuten ziehen lassen.
2. Anschließend mit diesem Sud das Gesicht waschen und leicht massieren. Auch Nase und Augenlider einreiben.

Zur Stärkung des Leber-Meridians

Pu-Erh-Tee stärkt besonders den Leber-Meridian und hilft, Übergewicht zu reduzieren. Er wirkt entschlackend, entgiftend und senkt einen erhöhten Cholesterinspiegel.

Bei regelmäßiger Anwendung sinkt außerdem ein erhöhter Blutdruck und die Abwehrkräfte werden gestärkt – kurz das gesamte Wohlbefinden verbessert sich.

Weißdorn stärkt zusätzlich Herz und Kreislauf.

Zutaten

- 15 g Weißdorn
- 5 g Pfefferminzblätter, frisch oder getrocknet
- 10 g Pu-Erh-Tee

1. Bringen Sie Wasser zum Kochen, und lassen Sie es wieder etwas abkühlen (80–85 °C).
2. Dann gießen Sie den Weißdorn, die Pfefferminzblätter und den Pu-Erh-Tee mit dem Wasser auf und lassen das Ganze etwa drei Minuten ziehen.
3. Davon sollten Sie am Tag ein bis zwei Tassen zu sich nehmen.

Gut zu wissen

So hilft Pu-Erh-Tee

Pu-Erh-Tee wirkt

- immunstärkend und beugt Infektionskrankheiten vor
- allgemein leberstärkend
- bakteriostatisch
- Yin und Yang ausgleichend

Er unterstützt erfolgreich eine Therapie

- bei erhöhtem Cholesterinspiegel
- bei erhöhtem Blutdruck
- bei ernährungsbedingtem Übergewicht
- bei Lipämie
- zur Entgiftung und Entschlackung

Grüner Tee – in China ist er uralter Bestandteil der Kultur, in der westlichen Welt rückt er erst jetzt am Ausgang des 20. Jahrhunderts in den Mittelpunkt des Interesses. In Europa und Amerika entdeckten über die letzten Jahre nicht nur Teegenießer, sondern vor allem auch immer mehr gesundheitsbewusste Menschen dieses Kleinod der Natur für sich. In China wird der Grüne Tee seit undenklichen Zeiten kultiviert und die Chinesen sagen ihm wie vielen ihrer Tees eine fast magische Wirkung nach.

Grüner Tee –

Power für die Gesundheit

Kleine Teekunde

»Pagoden-Tee« – der König der Grünen Tees – zählt zur Qualitätsstufe »Superior«, da für ihn nur die feinsten Triebe herangenommen werden.

Grüner Tee wird wie Pu-Erh-Tee aus den Blättern des Teestrauchs (Camellia sinensis, früher Thea sinensis) gewonnen. Er wird nur getrocknet und nicht fermentiert, geröstet oder parfümiert. Geerntet wird er auf großflächigen Teestrauch-Plantagen.

Grüner Tee wird in unzähligen Sorten und in allen Preisklassen angeboten. Die diversen Geschmacksrichtungen des Tees reichen vom leicht »kratzigen« über das rauchige Aroma der billigeren Sorten bis hin zum lieblich milden Aroma der teureren Sorten.

»Pagoden-Tee« – der König der Grünen Tees

Wollen Sie das Beste, müssen Sie bei Grünem Tee zum so genannten »Pagoden-Tee« aus Yunnan greifen. Nur die obersten feinen Triebe des Strauchs erfüllen die Ansprüche der speziell geschulten Pflückerinnen, die die Triebe nicht mit der bloßen Hand brechen, sondern zum Ernten Baumwollhandschuhe tragen. Die Teeblätter werden anschließend kunstvoll zu einem pagodenähnlichen Gebinde verarbeitet, das sich beim Aufguss wie eine Lotosblüte entfaltet.

Der Pagoden-Tee zählt zu der seltenen, exklusiven Klasse »Superior« und ist entsprechend teuer: In Deutschland kosten 150 Gramm zwischen 150 und 200 Mark! Allerdings ist er dafür, wie alle hochwertigen Chinatees, von hoher Ergiebigkeit und Wirksamkeit. Seine zahlreichen Wirkstoffe erheben ihn zu einem Allround-Heilmittel.

Inhaltsstoffe und ihre Wirkung

Gerbstoffe

Bei Analysen von erstklassigem Grünem Tee wurden Polyphenole und deren Untergruppe, die Flavonole, nachgewiesen. Diese Substanzen sind als Gerbstoffe auch in der westlichen Medizin als Wirkstoffe mit einem breiten medizinischen Spektrum bekannt. Sie sind klassische Feinde von Bakterien und Viren; und sie beugen Krebserkrankungen vor, indem sie das Entstehen von Krebszellen hemmen.

Tannin

Grüner Tee beugt Karies vor: Das enthaltene Tannin tötet die säurebildenden Bakterien ab, die den Zahnschmelz entkalken und ihn so für Zahnfäule anfällig machen. Außerdem verlangsamt Tannin den Alterungsprozess, mindert die Bildung von Falten und Altersflecken und schützt das Bindegewebe vor dem Erschlaffen.

Die Zubereitung

- Verwenden Sie nur gutes Wasser. Bei niedriger Wasserqualität nehmen Sie einen Wasserfilter.
- Bringen Sie das Wasser zum Kochen und lassen Sie es dann auf 80 bis 85°C abkühlen.
- Für den Aufguss genügen 1–1,5 g Teeblätter pro Tasse, die drei bis fünf Minuten ziehen sollten: je kürzer der Aufguss, desto anregender, je länger, desto beruhigender.

Vitamine und Mineralien

Grüner Tee ist reich an Vitamin C, das unsere Körperzellen gegen Angriffe von außen schützt. Ferner enthält er Carotinoide (Vorstufen von Vitamin A), die speziell die Widerstandsfähigkeit der Schleimhäute steigern. Grüner Tee ist also ein hervorragender Schutz gegen Erkältungskrankheiten, Grippe und andere Infektionen.

An wertvollen Mineralien enthält Grüner Tee Kalzium, Fluor und Zink, das besonders für Schwangere wichtig ist, da es das Bindegewebe festigt, den Stoffwechsel anregt und grundsätzlich die Abwehrkräfte stärkt.

Enzyme

Grüner Tee ist reich an Enzymen, die entscheidende Risikofaktoren für Arteriosklerose und Herzinfarkt stark herabsetzen: Bei regelmäßigem Genuss verbessern sich in den meisten Fällen Blutdruck-, Blutfett-, Cholesterin- und Blutzuckerwerte. Einer Verkalkung der Gefäßwände kann so bereits frühzeitig vorgebeugt werden.

Dank seiner wertvollen Inhaltsstoffe gilt Grüner Tee als Allround-Heilmittel.

Rezepte mit Grünem Tee

Regenerations-Drink

Dieses Erfrischungsgetränk eignet sich besonders für Sportler. Wenn Sie die Teezubereitung direkt im Anschluss an schweißtreibende Betätigung trinken, gleichen Sie Flüssigkeits- und Elektrolytverluste rasch aus und beugen Infekten vor.

Zutaten

- 6 gestrichene TL Grüntee
- 2 TL Honig, Saft einer halben Zitrone

1. Aus einem Liter Wasser und sechs gestrichenen Teelöffeln Grüntee einen Liter Tee kochen, ziehen lassen und abseihen.
2. Mit zwei Teelöffeln Honig und dem Zitronensaft vermischen und abkühlen lassen. Im Kühlschrank kalt stellen.

Gewürzter Grüntee

Diese Teemischung ist ein ausgezeichnetes, wohlschmeckendes Getränk an kalten Wintertagen, das das Immunsystem stabilisiert.

Zutaten

- 100 g Grünteeblätter
- 4 Zimtstangen
- 2 Nelken
- 1 Vanilleschote, klein geschnitten
- 1 TL Honig

1. Zimt, Nelken und Vanille im Mörser zerstoßen, mit den Teeblättern vermischen und in einer Dose verschließen. Die Mischung können Sie problemlos einige Monate aufbewahren.
2. Für einen Liter Tee gießen Sie sechs gestrichene Teelöffel dieser Mischung mit einem Liter nicht mehr kochendem Wasser auf.
3. Lassen Sie den Aufguss je nach Wunsch zwischen drei und fünf Minuten ziehen, und seihen Sie ihn dann ab.
4. Süßen Sie jede Tasse nach Geschmack mit Honig.

So wirkt Grüner Tee:

- beugt grippalem Infekt und Erkältungskrankheiten vor
- fördert die Verdauung
- senkt erhöhte Blutzucker- und Cholesterinwerte
- strafft das Bindegewebe
- senkt hohen Blutdruck
- stärkt Zähne, Knochen und den Bewegungsapparat
- verlangsamt den Alterungsprozess
- regt die Durchblutung an
- beugt Krebserkrankungen vor

Dong-Ling-Tee – neuer Trank aus alter Weisheit

»Dong Ling Cao« heißt übersetzt der »Baum mit dem Eismantel« und das hat seinen Grund: Während der bitterkalten Winternächte in der Provinz Henan wächst kurz nach Sonnenuntergang ein dünner Eismantel um den Baum, vom Wurzelwerk bis hin zur Spitze, und umgibt ihn wie ein Panzer, der erst in der Morgensonne wieder schmilzt. Kaiser Hui Tsung berichtet im 11. Jahrhundert n. Chr. in seiner »Abhandlung über den Tee« erstmals über die wundersame Wirkung, die ein Getränk aus dem Baum mit dem Eismantel haben sollte.

Kleine Teekunde

Dong-Ling-Tee wird aus einer seltenen Pflanze namens »Dong Ling Cao« (Rabdosia rubescens C.Y.) – umgangssprachlich kurz »Bing Ling« genannt – gewonnen, die in der chinesischen Zentralprovinz Henan beheimatet ist. Die hochgewachsenen Bäume dieser Spezies zeichnen sich durch einen besonders hohen Gehalt an ätherischen Ölen aus: In der Nähe eines solchen Baumes ist während des Sommers die Luft von durchdringendem, herb-würzigem Duft erfüllt.

Dong-Ling-Tee wird nicht mit Blättern, sondern mit Rinde aufgegossen.

Die Rinde – Hüterin des Heilgeheimnisses

Der leicht bitter-süßlich schmeckende Tee wird nicht mit Blättern, sondern mit Baumrinde aufgegossen. Wie schon zu Kaiser Hui Tsungs Zeiten arbeiten sich in den Wintermonaten frühmorgens Erntehelfer durch den Eispanzer der Teebäume in den Wang-Wu-Bergen und gewinnen den Rohstoff aus der Rinde, der kurz vor Sonnenaufgang nach einer langen Winternacht die meisten Wirkstoffe enthält.

Verarbeitung in Pharmafabriken

Dann wird die Rinde in modernen Fabriken pulverisiert und zu einem hygienischen Fertigprodukt in Teebeuteln aufbereitet. Mit seinem speziell vom chinesischen Gesundheitsamt entwickelten und patentierten Herstellungsverfahren gehört Dong-Ling-Tee zu einer völlig neuen Generation von chinesischen Gesundheitstees, dessen Wirkungen in vielen Tests wissenschaftlich nachgewiesen wurden. So konnten die Chinesische Akademie der Wissenschaften und das Chinesische Institut für die Untersuchung von Drogen feststellen, dass die wertvollen Inhaltsstoffe des Dong-Ling-Tees auch nach der industriellen Verarbeitung erhalten bleiben.

Erst seit wenigen Jahren ist Dong-Ling-Tee auch in Europa erhältlich.

Auf Eroberungsreise in den Westen

Das neue Teeprodukt ist unter der Bezeichnung »Bing Ling Tea«, »Winter-iced Magical Tea« oder »Chinesischer Zauber-Tee« erst seit wenigen Jahren im Westen erhältlich, nachdem die Produktionskapazität in China so gesteigert worden war, dass auch ins Ausland exportiert werden durfte.

Ein Heilmittel mit breiter Anwendung

Dong-Ling-Tee hilft bei vielen körperlichen Beschwerden.

Die Entdeckung des Dong-Ling-Cao-Baums als »wunderbaren Helfer für eine lange Gesundheit« ist uralt und wird durch medizinwissenschaftliche Untersuchungen neu untermauert: Dong-Ling-Tee wirkt antibakteriell, stark antientzündlich und vorbeugend gegen Krebs; darüber hinaus fördert er die Verdauung, sorgt dafür, dass Körpergifte schnell ausgeschieden werden und der Körper entlastet wird, und verlangsamt den Alterungsprozess.

Gewappnet von Kopf bis Magen

Besonders heilend wirkt Dong-Ling-Tee auf die Schleimhäute im gesamten Bereich zwischen Nase und Magen. Dort lässt er sämtliche Entzündungen schnell wieder abklingen – angefangen bei Entzündung der Nasennebenhöhlen (Sinusitis), der Mundschleimhaut (Stomatitis), der Mandeln (Tonsillitis), des Rachens (Angina) über Rachenschleimhaut- (Pharyngitis), Kehlkopf- (Laryngitis) und Atemwegsentzüngungen (Bronchitis) bis hin zur Magenschleimhautentzündung (Gastritis).

Expertentipp

Wo Sie den Tee erhalten:

- Dong-Ling-Tee ist zwar inzwischen in Deutschland erhältlich, aber er findet sich leider nur im Angebot weniger Apotheken. Am besten beziehen Sie ihn bei Versandunternehmen, die auf Chinaprodukte spezialisiert sind.
- Eine Kurpackung mit 150 Teebeuteln, die bis zu 600 Tassen ergeben, kostet in der Regel zwischen 100 und 200 DM.

So gießen Sie den Tee auf:

- Gießen Sie den Tee nie mit kochendem Wasser auf, sondern lassen Sie es auf 80 bis 85 °C abkühlen.
- Ein Teebeutel kann bis zu viermal aufgegossen werden – dann erst verliert er an Wirkungskraft.

Wirksame Prophylaxe gegen Krebsentstehung

Dong-Ling zählt in China zu den staatlich geschützten Arzneipflanzen und ist Mitglied des »China Native Products Thesaurus« (»Schatz der chinesischen Nation«). Entsprechend offiziellen Aussagen der chinesischen Gesundheitsbehörden gehört Dong-Ling-Tee aufgrund seiner gründlich erforschten Eigenschaften zu den wirksamsten Krebs-Vorsorge-Produkten im Reich der Mitte.

Dong-Ling-Tee enthält wertvolle Aminosäuren und Spurenelemente.

Die Wirkstoffe des Dong-Ling-Tees

Mit verantwortlich für die erstaunlichen Wirkungen des Dong-Ling-Tees sind die aktiven Substanzen Rubescensin A, oder Oridonin, sowie 24 Spurenelemente und 17 Aminosäuren. Er wirkt zwar bronchialerweiternd, aber die unangenehm stimulierenden Nebenwirkungen des Theophyllins und Koffeins fehlen ihm ganz – im Gegensatz zu Schwarzem oder Rotem Tee.

Rezepte mit *Dong-Ling-Tee* (Bing-Ling-Tee)

Dong-Ling-Tee (Bing-Ling-Tee) beugt einer Vielzahl von Beschwerden vor und unterstützt die Heilung der jeweiligen Krankheit.

Erkrankungen der Atemwege

Dieses Rezept hilft bei Beschwerden im Hals-, Nasen- und Brustbereich wie beispielsweise Sinusitis, Tonsillitis oder Bronchitis und wird in China vor allem im Herbst und Frühjahr getrunken.

Zutaten

- 2 Teebeutel Dong-Ling-Tee
- 1 ungespritzte Mandarinenschale oder 1/2 ungespritzte Orangenschale, in kleine Streifen geschnitten
- 4 frische Pfefferminzblätter oder 1 TL getrocknete Pfefferminzblätter
- 1 TL Honig

Sie können die Zutaten in der Tasse belassen und noch bis zu dreimal erneut aufgießen.

Alle Zutaten mit einem halben Liter nicht mehr kochenden Wassers (80 bis 85 °C) übergießen, fünf Minuten ziehen lassen.

Blitzkur bei Atemwegsbeschwerden

Zum Frühstück

- 1 Tasse des obigen Teerezepts
- 1 Obstteller
  ($1/2$ Apfel, 1 Kiwi, 1 Walnuss, 5 Weintrauben, $1/2$ Banane)
- 1 Scheibe Toastbrot oder 1 Croissant

Dong-Ling-Tee ist ein ideales Mittel, um die Stimmbänder vor Überlastung zu schützen.

Das Obst kleinschneiden und mit Honig süßen. Dazu eine Scheibe Toastbrot oder ein Croissant. Dieses Frühstück ist reich an Vitaminen und unterstützt die Abwehrkräfte.

Zum Mittagessen

- 1 Teller gekochter Reis (oder Nudeln)
- 3 Scheiben frische Ingwerwurzel, in feine Streifen geschnitten
- 1 Stange Frühlingszwiebeln, klein gehackt
- 1 Zwiebel, in kleine Würfel geschnitten
- 1 Paprikaschote, in dünne Streifen geschnitten
- $1/3$ Salatgurke, in feine Streifen geschnitten
- 2 EL Öl
- 1 EL Sojasauce, 1 EL Essig, 1 Prise Salz

1. Reis oder Nudeln, Ingwerwurzel, Frühlingszwiebel, Zwiebel, Paprikaschote und Salatgurke im Öl anbraten.

Dieses Reisgericht mit Ingwer, Zwiebel, Paprika und Gurke stärkt vor allem den Lungenmeridian.

2. Mit wenig Salz, Sojasauce und Essig (Obst- oder Reisessig) abschmecken und alles gut vermischen.

Dieses Rezept ist nach dem Fünf-Elemente-System aufgebaut und stärkt besonders den Lungenmeridian. Trinken Sie zum Essen oder danach zwei Tassen des Dong-Ling-Teerezeptes.

Mit diesem leckeren Reisgericht tun Sie etwas für Ihre Gesundheit und für Ihre Figur.

Zum Abendessen

- 1 Portion Fisch Ihrer Wahl
- 1 Portion Löwenzahnsalat
- 1 TL Reisessig, 1 TL Sesamöl

1. Garen Sie den Fisch schonend durch Dämpfen.
2. Würzen Sie den Löwenzahnsalat mit Reisessig und Sesamöl.

Zu diesem Gericht trinken Sie zwei Tassen des Dong-Ling-Teerezeptes. Fisch stärkt die Lungen und Bronchien, Löwenzahn wirkt gegen Entzündungen und entgiftet, Essig und Sesamöl stärken den Nieren- und Herz-Meridian.

Gut zu wissen

Die Wirkung des Dong-Ling-Tees im Überblick

Dong-Ling-Tee wirkt immunstärkend und dient deshalb

- der allgemeinen Vorsorge gegen Krebserkrankungen
- der speziellen Vorsorge gegen Speiseröhren- und Magenkrebs
- der Behandlung von Raucherhusten
- der Entlastung der Stimmbänder
- der generellen Körperentgiftung
- der Verlangsamung des Alterungsprozesses

Er ist eine ideale Ergänzung der Therapie bei

- eitriger Mandel- (Tonsillitis) und Rachenentzündung (Angina)
- Schleimhautentzündungen im Mund (Stomatitis), Rachen (Pharyngitis) und Magen (Gastritis)
- Kehlkopfentzündung (Laryngitis)
- Nebenhöhlenentzündung (Sinusitis)
- Entzündung der Atemwege (Bronchitis)

Im Tienchi-Danshen-Tee ergänzen sich die besten Gingseng-Gewächse zu einer einmaligen Kombination: Notoginseng und Roter Ginseng. Ein bekannter TCM-Wissenschaftler schreibt über die beiden Pflanzen, die in der Traditionellen Chinesischen Medizin seit langer Zeit Bedeutung besitzen: »Notoginseng und Roter Ginseng sind außerhalb Chinas nahezu unbekannt. Dabei muss man diese Wurzeln aus der Familie der Ginseng-Pflanzen als so wirkungsvoll bezeichnen, wie es der normale Ginseng – und besonders der industriell angebaute – niemals sein kann.«

Tienchi-Danshen-Tee – die Ginseng-Kombination

Notoginseng – für eine bessere Durchblutung

In China ist Notoginseng unter dem Namen »Tienchi oder »Sanqi« bekannt. Die außerordentlichen Qualität der Pflanze wird von der Art und Konzentration ihrer Wirkstoffe bestimmt, und man findet sie in dieser Form nur im Bergland der Provinz Yunnan, mitunter auch in einigen Regionen Sichuans und Japans.

Eine kleine Pflanzenkunde

Wie der Name schon andeutet, ist Notoginseng eng verwandt mit dem weltberühmten Ginseng, der »Menschenwurzel« (lateinisch: Panax ginseng). Im Gegensatz zu Notoginseng wächst Ginseng auch in anderen Gebieten Chinas, in Korea, gedeiht sogar in Nordamerika und wird aufgrund der internationalen Nachfrage oft im großen Stil angebaut.

Notoginseng weist eine noch stärkere Heilkraft auf als der kommerziell angebaute Ginseng.

Notoginseng, speziell der aus Yunnan stammende, unterscheidet sich von seinem Verwandten durch eine wesentlich höhere Konzentration der Wirkstoffe – vor allem dann, wenn der Ginseng kommerziell angebaut wird.

Inhaltsstoffe und ihre Wirkung

Notoginseng enthält eine ganze Reihe wertvoller Stoffe wie beispielsweise Vitamine und Spurenelemente. Von besonderer Bedeutung sind jedoch biochemische Substanzen, die als Saponine und Glykoside bezeichnet werden und für die gesundheitsfördernde Wirkung des Notoginsengs verantwortlich sind:

- Sie wirken allgemein lebensverlängernd. In Kombination mit Rotem Ginseng gelten sie in China geradezu als Zaubermittel für ein gesundes, langes Leben.
- Sie wirken unterstützend bei Potenzschwäche.
- Sie sorgen für eine bessere Versorgung des Körpers mit dem lebensnotwendigen Sauerstoff.
- Sie fördern die Durchblutung des Gehirns, des gesamten Verdauungstraktes und aller anderen inneren Organe sowie von Armen und Beinen.

Roter Ginseng – die Wurzel der »Unsterblichkeit«

Roter Ginseng erhöht die Fließeigenschaften des Blutes und verbessert die Leberwerte.

Die chinesische Bezeichnung für Roten Ginseng lautet »Danshen«. Das alte Zeichen »Dan« für die erste Silbe des chinesischen Namens steht wörtlich für »Unsterblichkeit«. Da unsere Gesundheit und damit unser Leben maßgeblich von einem intakten Immunsystem abhängt, können wir im übertragenen Sinn die medizinische Wirksamkeit dieser Wurzel mit der Erhaltung und Stärkung unseres Immun- und Abwehrsystems gleichsetzen.

Eine Pflanze mit großem »Charakter«

Roter Ginseng genießt in der Traditionellen Chinesischen Medizin (TCM) seit gut zwei Jahrtausenden große Achtung, und es wird ihm eine noch stärkere Wirksamkeit als dem Notoginseng nachgesagt. Die westliche Medizin begründet diesen Umstand mit den folgenden zusätzlichen Wirkungen:

- Er sorgt dafür, dass »zu dickes« Blut flüssiger wird.
- Er mindert die Gefahr von Thrombosen.
- Er hilft bei Blutarmut (Anämie).
- Er sorgt für eine Besserung schlechter Leberwerte.
- Er verbessert den Fluss der Lebensenergie Qi.

Das Hochland von Yunnan gilt als der Kräutergarten Chinas; hier wächst der wertvolle Rote Ginseng.

Eine starke Kombination

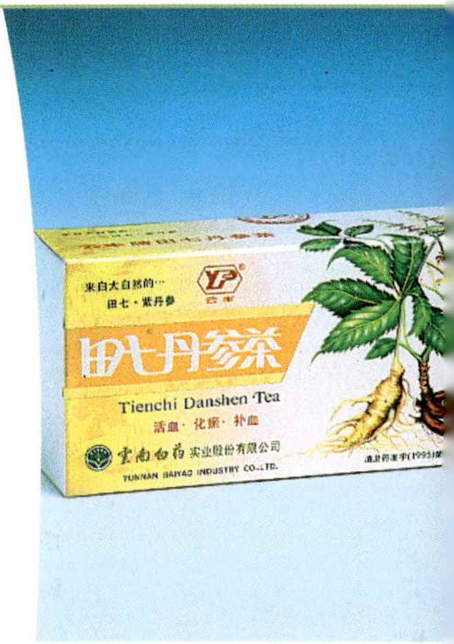

Tienchi-Danshen-Tee vereinigt die Heilkräfte von Rotem Ginseng und Notoginseng.

Notoginseng und Roter Ginseng kombiniert gelten in China als das Zaubermittel schlechthin für ein langes, gesundes Leben. Der Grund dafür ist, dass sich ihre Wirkstoffe, die zwar teilweise identisch sind, als einfache Teemischung zu einem wahren Power-Getränk ergänzen, das früher nur von wenigen medizinischen Experten für eine kleine Patienten-Elite von Hand zusammengestellt und zubereitet wurde.

Dem chinesischen Durchschnittsbürger ist die Wunderkombination erst seit ein paar Jahren zugänglich und zwar in Form des so genannten Tienchi-Danshen-Tees, eines modernen Tee-Granulats, das die Wirkstoffe beider Pflanzen enthält.

Auf dem Prüfstein der Medizin – in Forschung und Praxis
Dass sich die Teekombination als ausgezeichnetes Heilmittel bewährt, bestätigen Erfahrungen von Ärzten in der klinischen Praxis sowie eine zweijährige Versuchsreihe: Der Tee ist in mehr als 80 Prozent der Fälle mit Herz-Kreislauf-Erkrankungen, Angina pectoris und Bluthochdruck wirksam; er aktiviert die Blutzirkulation, löst Blutergüsse auf und wirkt Blutarmut (Anämie) entgegen; erhöhte Leberwerte normalisieren sich; ein geschwächtes Immunsystem wird wieder stabil.

Expertentipp

Wie Sie den Tee zubereiten und genießen

- Der Beutelinhalt (10 Gramm Granulat) ist ausreichend für drei Tassen pro Tag.
- Ein Drittel des Beutelinhalts jeweils mit heißem oder auch kaltem Wasser übergießen; das Granulat löst sich bei jeder Wassertemperatur sofort auf.
- Den Tee morgens auf nüchternen Magen, mittags vor dem Essen und noch einmal nachmittags gegen 15 Uhr trinken.
- Tienchi-Danshen-Tee ist bereits mit Rohrzucker vorgesüßt.

Ein Produkt, das sich sehen lassen kann

Tienchi-Danshen-Tee wird nach modernsten Produktionsmethoden hergestellt. Aufgrund seiner hohen Qualität wurde er schon mehrfach prämiert: Er gewann die »Nationale Goldmedaille für Wissenschaft«, den »Beijing-Preis für das beste Qualitätsprodukt der Internationalen Gesundheitsvorsorge und Schönheit« und den höchsten »Qualitätspreis der Internationalen Messe für biologische Produkte«. Tienchi-Danshen-Tee wurde erst 1995 vom chinesischen Gesundheitsministerium für den Verkauf im Ausland freigegeben.

Rezepte mit *Tienchi-Danshen-Tee*

Er ist in nur wenigen Apotheken erhältlich, aber ein gut informierter Apotheker kann ihn sicher für Sie bestellen. Am leichtesten beziehen Sie ihn vom China-Fachhandel oder bei Spezial-Versandunternehmen.

Vorbeugung gegen Herz-Kreislauf-Erkrankungen

Dieser Tee ist heilsam bei Erkrankungen des Herz-/Kreislaufsystems, bei Durchblutungsstörungen, bei erhöhtem Blutdruck und bei Blutarmut. Zur Vorbeugung gegen diese Erkrankungen sollte das folgende Gericht einmal pro Woche auf Ihrem Speiseplan stehen, da besonders der Herzmeridian und die Durchblutung angeregt werden.

Mit frischen Pilzen lässt sich das Hühnchenfrikassee zusätzlich verfeinern.

Zutaten

- 1 Hühnchen
- 3 Scheiben Ingwerwurzel
- Suppengemüse
- Nudeln oder Reis, nach Belieben
- 3 EL Tienchi-Danshen-Granulat
- Chili

1. Das Hühnchen in drei Liter leicht gesalzenes Wasser legen und vor dem Erhitzen den Ingwer hinzufügen.
2. Das Hühnchen 30 Minuten lang kochen, anschließend enthäuten und in kleine Stücke schneiden.
3. Die Fleischstücke, das Suppengemüse und nach Geschmack Nudeln oder Reis zur Kochflüssigkeit hinzufügen.
4. Das Tienchi-Danshen-Granulat einrühren und das Ganze nochmals 20 Minuten köcheln lassen.
5. Je nach persönlichem Geschmack mit Chili leicht oder schärfer würzen.

Das Hühnchenfrikassee fördert die Durchblutung und kräftigt den Herzmeridian.

Das Gericht reicht für 4 Personen.

Gut zu wissen

Die Wirkung des Tienchi-Danshen-Tees im Überblick

Tienchi-Danshen-Tee wirkt immunstärkend und sorgt für

- eine Verbesserung der Leberwerte
- eine verbesserte Sauerstoffversorgung
- eine Verbesserung des Qi-Flusses
- ein langes, gesundes Leben.

Ferner dient er der Vorsorge und unterstützt die Therapie bei:

- Herz- und Kreislaufproblemen
- Angina pectoris
- Problemen der Hirn- und Herzdurchblutung
- Durchblutungsstörungen der Arme und Beine
- erhöhtem Blutdruck
- Blutarmut (Anämie)
- »dickem« Blut
- Blutergüssen und -gerinnseln
- Thrombosegefahr

Echte Schönheit kommt von innen und eine Voraussetzung dafür ist ein rundum gesunder Körper – diese Erkenntnis ist uralt. In China wurde schon vor Zeiten begonnen, diese Weisheit in die Tat umzusetzen: Der »Drink Of Three Flowers« – übersetzt Drei-Blumen-Trank – ist der klassische Schönheits-Power-Immun-Drink der Chinesen. Auf uralten Rezepten der kaiserlichen Leibärzte basierend, feierte der Drei-Blumen-Trank ungebrochen seinen Erfolg als besonderes und vor allem rasch wirkendes Schönheitsmittel.

Drei-Blumen-Trank – für Schönheit von innen

Das »Kleeblatt« für gesunde Schönheit

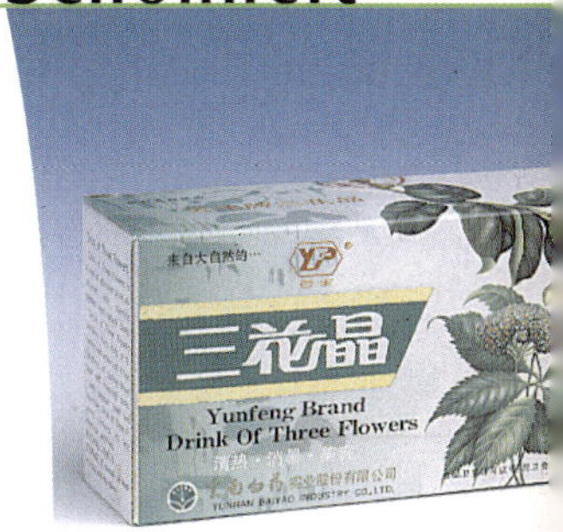

Der Drei-Blumen-Trank ist ein reines Naturprodukt aus wildwachsenden Pflanzen.

Der heute erhältliche Drei-Blumen-Trank ist ein Instant-Tee und das hochwertige Ergebnis neunjähriger Forschungsarbeit. Als reines Naturprodukt setzt er sich gemäß uralten Rezepten aus dem Wertvollsten der drei folgenden Pflanzen zusammen.

Notoginseng

- Er harmonisiert die Bioströme des menschlichen Körpers und bringt die vitale Lebensenergie, das Qi, wieder in Fluss.
- Er verbessert die Sauerstoffversorgung und die Durchblutung.

Chrysantheme

- Sie verbessert die Struktur der Haare und harmonisiert die Haut.
- Sie trägt zum Ausheilen von Entzündungen im Mund bei.
- Sie lindert Augenschmerzen und -entzündungen.
- Sie hilft bei Magenschmerzen und Verdauungstörungen.

Geißblatt

- Es hilft, Blutzucker- und Blutfettwerte zu normalisieren.
- Es fördert und kurbelt die Zellfunktion an.
- Es tonisiert oder kühlt die »Hitze des Blutes«.
- Es harmonisiert Yin und Yang, stärkt die Seele und verbessert das äußere Erscheinungsbild.

Expertentipp

Einkauf und Zubereitung

- Apotheken führen den Tee meist nicht, Sie erhalten ihn aber in den meisten Chinaläden oder im spezialisierten Versandhandel.
- Ein Beutel mit Granulat reicht aus für drei Tassen.
- Übergießen Sie jeweils ein Drittel des Granulats mit heißem Wasser.
- Trinken Sie eine Tasse Tee morgens auf nüchternen Magen, mittags vor dem Essen und abends vor dem Schlafengehen.

Rezepte mit *Drei-Blumen-Trank*

Die erstaunliche Wirkung des Drei-Blumen-Tranks ist in Wissenschaft und Medien erforscht und dokumentiert: Er stärkt das Immunsystem; bei einseitiger Ernährung ist er Vitamin- und Mineralstoffspender; er hält geistig fit, lindert Hautprobleme und Überlastungssymptome wie Schlafstörungen und Energiemangel.

Kurz – Körper, Geist und Seele gewinnen verlorene Harmonie und Gesundheit zurück, die dann auch für ein attraktives äußeres Erscheinungsbild sorgen.

Der Drei-Blumen-Trank stärkt das Immunsystem und verbessert die Harmonie von Körper, Geist und Seele.

Vorbeugung gegen Gelenkerkrankungen

Das Teegranulat hilft bei Gelenkbeschwerden und -entzündungen wie Arthrose, Arthritis und Rheuma. Das folgende Rezept für Ingwer-Reis-Brei eignet sich also hervorragend zur Vorbeugung gegen Gelenkerkrankungen.

Zutaten

- 10 g Reis
- 3 TL Drei-Blumen-Teegranulat
- 10 g Ingwerwurzel
- 1 TL Honig

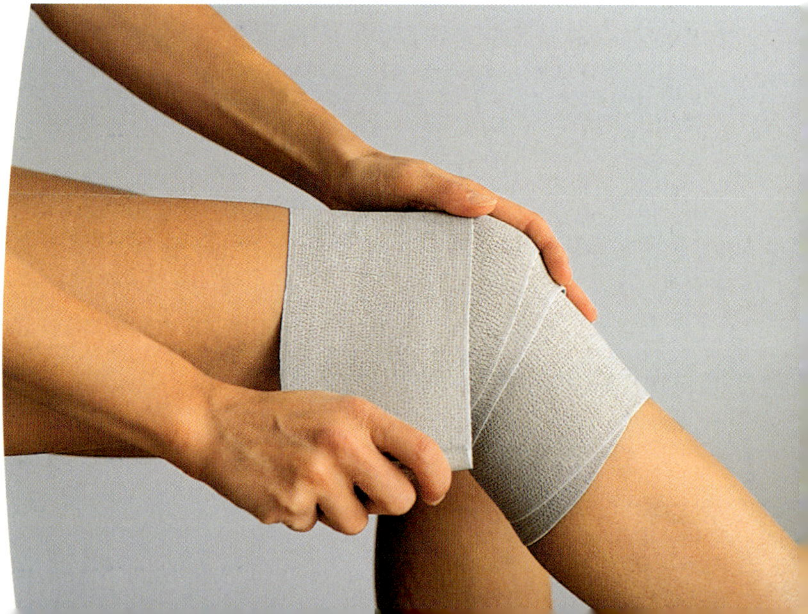

Der Ingwer-Reis-Brei hilft bei chronischen oder akuten Gelenkschmerzen.

1. Kochen Sie den Reis und das Drei-Blumen-Teegranulat zusammen in etwas Wasser.
2. Pressen Sie die Ingwerwurzel in einer Knoblauchpresse aus und geben Sie dies zum Reis.
3. Wenn der Reis aufgequollen ist, süßen Sie ihn, je nach Geschmack, mit etwas Honig.

Wenn Sie bereits unter akuten oder chronischen Gelenkbeschwerden leiden, sollten Sie täglich zwei Portionen dieses Reisbreis zu sich nehmen. Zur Vorbeugung genügt es, dieses wohlschmeckende Rezept ein- bis zweimal wöchentlich zu genießen.

Rasche Hilfe bei seelischen Beschwerden

Wer sich kraftlos fühlt, schlecht schläft oder den Anforderungen des Alltags nicht gewachsen ist, sollte den Drei-Blumen-Trank regelmäßig zu sich nehmen. Er fördert nicht nur das allgemeine Wohlbefinden, sondern trägt auch dazu bei, plötzlich auftretendes Unwohlsein rasch und wirkungsvoll zu lindern.

Der Drei-Blumen-Trank hält geistig fit und wirkt Schlafstörungen und Energiemangel entgegen.

Gut zu wissen

Die Wirkung des Drei-Blumen-Tranks im Überblick

Drei-Blumen-Trank (»Drink of Three Flowers«) wirkt:

- immunstärkend
- supplementierend bei Vitamin- und Mineralmangel
- verbessernd bei der Sauerstoffversorgung
- Qi-anregend
- durchblutungsfördernd
- die Zellfunktion fördernd

Seine weiteren positiven Nebenwirkungen sind:

- Heilung von Entzündungen im Mund
- Linderung bei Augenschmerzen und -entzündungen
- Linderung von Magenschmerzen
- Linderung von Verdauungsstörungen
- Normalisierung der Blutzucker- und Blutfettwerte
- Verbesserung der Denkfähigkeit
- Abhilfe bei Schlafstörungen
- Abhilfe bei Abgespanntheit
- Harmonisierung der Haut
- Stärkung der Haarstruktur
- attraktives Aussehen

Acht-Schätze-Tee – neue Liebeskraft durch neue Lebenskraft

Liebeskraft und -lust zu gewinnen, zu bewahren und zu stärken – heute wie gestern und in allen Kulturen sind die Menschen auf der Suche nach Wegen und Mitteln, diese Ziele zu verwirklichen. Die Traditionelle Chinesische Medizin besitzt schon seit Jahrtausenden einen Schlüssel zur Verwirklichung dieser Wünsche: den Acht-Schätze-Tee. Entsprechend den Grundsätzen der TCM wirkt der Tee ganzheitlich, lässt die Energien des Menschen wieder in geordneten Bahnen fließen und stärkt so die Lebensenergie, das Qi, und damit auch die Liebeskraft.

Die Lebenskraft (Qi) **stärken**

Der Acht-Schätze-Tee ist, wie viele der anderen chinesischen Heiltees, ein Naturprodukt aus Yunnan, dem Kräutergarten Chinas, und setzt einen mit seinen außerordentlichen Heilkräften in Erstaunen: Er gleicht Yin und Yang aus und bringt Qi, die Lebensenergie, wieder zum Fließen. Er lädt den gesamten Organismus sanft, aber deswegen nicht weniger wirkungsvoll mit neuer Energie und Lebenskraft auf, ein geschwächtes Immunsystem wird wieder stark, man fühlt sich zusehends wohler und gewinnt neuen Schwung – und vorhandene Liebesmüdigkeit verfliegt.

Im alten China zählte der Acht-Schätze-Tee zu den wirkungsvollsten Mitteln, verlorene Lieheskraft wieder zurückzugewinnen.

Ein altes Heilmittel bricht Tabus

Acht-Schätze-Tee ist in China schon seit langer Zeit bekannt. Zu den Zeiten der kaiserlichen Dynastien war er beim chinesischen Adel das tägliche Getränk. Li Shi, der berühmteste Naturwissenschaftler im mittelalterlichen China (1126 bis 1229 westlicher Zeitrechnung), schrieb in seinem heute noch beachteten »Naturkundebuch«: »Aus acht Zutaten entsteht ein Naturwunder, dem nirgendwo auf der Welt Vergleichbares entgegen steht. Es gibt kein gesünderes und besser schmeckendes Anregungsmittel.«

Bei TCM-Fachkundigen zählt der Acht-Schätze-Tee dabei nicht in erster Linie zu den Potenz- oder Libidopräparaten, sondern gilt als Mischung, die höchst wirksam disharmonische Yin- und Yang-Energien ausgleicht und das Immunsystem stärkt. Dass sich dabei auch Störungen der männlichen Potenz und der weiblichen Liebeslust wieder normalisieren, ist eine ganz natürliche Folge. Der Tee regt sowohl beim Mann als auch bei der Frau schnell die Ausschüttung von Sexualhormonen an und ist eines der effektivsten Mittel bei vorzeitigem Samenerguss.

Der Acht-Schätze-Tee ist ideal, um Disharmonien im Yin-Yang-Gleichgewicht wieder in Einklang zu bringen.

Im Einzelfall mischten ihn deshalb chinesische Ärzte für liebesmüde Ehepaare zusammen – den Tee aber der breiten Öffentlichkeit zugänglich zu machen, daran hatte sich aus Tabu-Gründen lange niemand gewagt; wird doch auch im modernen China nur ungern in der Öffentlichkeit über Probleme gesprochen, die in den Bereich der Privat- und Intimsphäre gehören.

Erst als ein hoch renomierter TCM-Professor im Jahr 1996 den »Eigth Treasure Tea« zum ersten Mal der Öffentlichkeit präsentierte, begannen die Mauern um das alte Tabu zu fallen. Sein Anliegen war, diesen Tee, der ein so sagenhaftes Wirkungsspektrum besitzt, in einer derartigen Mischung und Form herzustellen, dass er künftig der breiten Bevölkerung zur Verfügung steht und in den allermeisten Fällen auf individuelle Mischungen verzichtet werden kann. So viele Menschen wie möglich sollten in den Genuss der folgenden »Gesundheitskostbarkeiten« kommen:

- Das Denken fällt leichter und der Kopf wird klarer.
- Gehör und Sehkraft verbessern sich schon nach kurzer Zeit.
- Müdigkeit und Abgeschlagenheit verfliegen.
- Struktur und Aussehen der Haut bessern sich.
- Yin und Yang werden ausgeglichen.
- Das Qi, die Lebensenergie, kommt wieder in Fluss, und man fühlt sich wieder jung und voller Energie.
- Ein höheres Maß an Lebensenergie, -kraft und -freude wirkt sich immer auch positiv auf die Liebeskraft und -lust aus.

Acht Kostbarkeiten aus dem Garten der Natur

Die Auswahl und die genaue Zusammensetzung der Pflanzen für den Acht-Schätze-Tee werden streng überwacht.

Acht Kräuter, Blüten und Früchte sind es, die das Wunder des Acht-Schätze-Tees zustande bringen. Wie schon in den alten Rezepten wird auch heute in der modernen, technischen Herstellung darauf geachtet, dass eine genaue Zusammensetzung eingehalten wird. Die Pflanzen werden entsprechend der traditionellen Rezeptur exakt abgewogen und gemischt. Auch die Auswahl der Pflanzen wird streng kontrolliert; es kommen nur spezielle Gewächse aus der Provinz Yunnan zum Einsatz, da die Pflanzen dieser Region die größte Wirksamkeit besitzen. Das wiederum ist darauf zurückzuführen, dass es hier, in dem kaum besiedelten Gebiet an der Grenze zu Vietnam, Laos und Myanmar, keinerlei industrielle Verschmutzung gibt und diese Gewächse somit den höchsten energetischen Gehalt aller Pflanzen in China besitzen. Schon zu feudalen Zeiten galt diese Gegend als der »Garten der Kaiser«.

»Hutao«, eine Verwandte der Walnuss

Die »Hutao«-Nuss ist entfernt verwandt mit unserer Walnuss und wird in der TCM in Form einer Abkochung eingesetzt. Sie wächst wild im Hochland von Yunnan und wird dort im Frühherbst geerntet. Nur ausgesuchte Nüsse von gesunden, alten Bäumen an den Südhängen der Berge finden Verwendung. Aufgrund ihrer Wirkungen ist sie das Mittel der Wahl bei Impotenz, Verstopfung, starkem Harndrang und Schwäche in den Beinen:

- Sie erhöht die Potenz.
- Sie kräftigt den ganzen Körper.
- Sie harmonisiert das Urogenitalsystem.
- Sie wirkt positiv auf die Meridiane von Nieren und Lunge.

Saure Bergdattel

Die Saure Bergdattel, chinesisch »Shan Zu Yu«, wächst ebenfalls nur im Bergland von Yunnan, ein Umstand, der ihr auch zu ihrem Namen verholfen hat. Heute wird sie in China gern auch zu gesunden Erfrischungsgetränken verarbeitet. Diese Traditionsfrucht, die ebenfalls aus dem »Garten der Kaiser« stammt, zeichnet sich durch die »Qualität der Zähigkeit« aus und zählt deshalb in China zu den besten Mitteln der Natur für

- ein gesundes und langes Leben,
- eine ausdauernde Liebesfähigkeit,
- eine erfüllte Sexualität bis ins hohe Alter.

In China wird die Saure Bergdattel auch für Erfrischungsgetränke verwendet.

Pu-Erh-Tee

Für den Acht-Schätze-Tee wird nur Pu-Erh-Tee der Qualitätsstufe 1 verwendet. Er kräftigt den Körper, wirkt wohltuend auf den gesamten Organismus, indem er

- Yin und Yang wieder harmonisiert
- Energieblockaden löst
- das Qi wieder in Fluss bringt
- dafür sorgt, dass Gift- und Schlackenstoffe aus dem Körper ausgeschieden werden
- hilft, Übergewicht zu reduzieren
- den Cholesterinspiegel senkt
- den Meridian der Leber stärkt.

Nur Pu-Erh-Tee der Qualitätsstufe 1 kommt für den Acht-Schätze-Tee in Frage.

Die Litschi wird seit Jahrtausenden als heilkräftige Frucht in der TCM verwendet.

Litschi

Die Litschi oder » China-Stachelbeere« wird schon seit Jahrtausenden in China kultiviert. Ihrem Fruchtfleisch wird eine generell »besänftigende« Qualität zugeschrieben, die zu viel Feuerenergie ausgleicht. Ferner stillt sie anhaltenden Husten und übt eine positive Wirkung auf geschwollene Drüsen aus. Sie findet Verwendung:

- bei vorzeitigem Samenerguss,
- zum Stillen von Hustenreiz,
- zur Behandlung geschwollener Drüsen.

Auch Rinde, Blatt, Blüte und Samen besitzen charakteristische Eigenschaften beziehungsweise Qualitäten und werden in der Traditionellen Chinesischen Medizin zur Beruhigung bei Koliken und Angina eingesetzt.

Kirsche

Am weitesten verbreitet ist in China die Filz- oder Hügelkirsche (umgangssprachlich auch Vogelpfirsich« genannt), die erheblich kleiner als ihre in Europa vorkommenden Verwandten ist. TCM-Experten sagen ihr eine aphrodisierende Wirkung nach.

Die wild wachsenden, sehr kleinen Kirschen aus dem Bergland von Yunnan gelten als die wirkungsvollsten, und nur sie finden beim Acht-Schätze-Tee Verwendung.

Gut zu wissen

So setzt sich der Acht-Schätze-Tee zusammen

Gemäß der uralten, überlieferten Rezeptur setzt sich der »Eight Treasure Tea« aus folgenden Pflanzen zusammen:

- aus der »Hutao«-Nuss
- aus der Sauren Bergdattel
- aus Pu-Erh-Tee der ersten Qualitätsstufe
- aus der »China-Stachelbeere«, der so genannten Litschi
- aus der Filz- oder Hügel-Kirsche
- aus der wilden Berg-Chrysantheme
- aus »Xing Ren«, einer Aprikosenart
- aus leicht geschmorten Ginsengwurzeln

Wilde Berg-Chrysantheme

Auch bei der Berg-Chrysantheme, chinesisch »Ye Yu«, finden sich die Pflanzen, die die stärkste Wirksamkeit besitzen, im »Garten des Kaisers« in Yunnan. Ihr vergleichbar in der Wirkung ist die Guangxi-Chrysantheme, ein Bestandteil des Drei-Blumen-Tees. Neueste medizinische Untersuchungen belegen auch hier altes Heilwissen. Dank der ihr eigenen »abkühlenden Qualität«

- senkt sie erhöhten Blutdruck
- wirkt sie besonders beruhigend auf das sympathische und das vegetative Nervensystem
- verbessert sie die Sehkraft
- hilft sie, Verdauungsstörungen zu beseitigen
- regt sie generell den Stoffwechsel an
- hilft sie dem Körper, Giftstoffe auszuleiten
- harmonisiert sie irritierte Haut
- lindert sie chronische Schwindelgefühle und Kopfschmerzen, die von einer Leberschädigung herrühren

Xing Ren ist eine seltene Aprikosenart, die vor allem in der Provinz Yunnan vorkommt.

Aprikose

»Xing Ren« ist eine äußerst seltene Aprikosenart, die außerhalb Yunnans in ähnlicher Qualität nur noch in einigen Gegenden Nordostchinas vorkommt. Sie ist nur sehr weitläufig mit der in Europa bekannten Aprikose verwandt und besitzt typische Eigenschaften, die bei sonstigen Aprikosenarten unbekannt und weltweit einzigartig sind: Aus dem Inneren ihres Kerns wird eine Substanz gewonnen, die der Volksmund »Frucht der unerschöpflichen Liebeskraft« nennt. In der chinesischen Pharmazie werden aus dieser Substanz industriell Wirkstoffe extrahiert, die in einer ganzen Reihe verschreibungspflichtiger Mittel zur sexuellen Stärkung Verwendung finden.

Ginseng

Ginseng verstärkt die Effektivität anderer Heilmittel, die mit ihm zusammen angewendet werden.

Auch die geheime Wunderwaffe der alten Chinesen gegen Alles und Jedes, der Ginseng, darf in der Mischung des Acht-Schätze-Tees nicht fehlen. Die Ginsengwurzeln müssen jedoch speziell aufbereitet werden – sie werden als Bestandteil der Teemischung zuerst klein gehackt und dann leicht geschmort.

Ginseng enthält die Vitamine B_1, B_2, B_{12} sowie die Spurenelemente Eisen, Kieselsäure, Kobalt, Kupfer, Magnesium, Phosphor und Schwefel. Er trägt mit seinen folgenden Wirkungen zur Gesamtwirkung der Teemischung bei:

- Ginseng wirkt sich positiv auf den Blutdruck aus.
- Er normalisiert den Blutzuckerspiegel
- Er fördert sowohl beim Mann als auch bei der Frau die Ausschüttung der Sexualhormone.
- Er erhöht die Widerstandsfähigkeit des Körpers, vor allem in Stresssituationen.
- Er wirkt synergistisch, das heißt er unterstützt und verstärkt die Wirkungskraft der Heilmittel, die zusammen mit ihm angewandt werden.

Praktische Tipps

Während die Mehrzahl der hochwertigen China-Tees, wie beispielsweise der Rote Tee oder Pu-Erh-Tee und die verschiedenen Sorten des Grünen Tees, durch Honig oder Zucker an Wirkung verlieren, gehört der Acht-Schätze-Tee zu den wenigen Spitzentee-Sorten, die mit Zucker gesüßt werden.

Der Acht-Schätze-Tee ist einer der wenigen Chinatees, die man gesüßt trinken sollte.

Inzwischen kann man auch auf dem europäischen Markt unter verschiedenen Mischungen wählen, denen als Süßmittel Kandiszucker beigemischt ist. Im Handel erhältlich ist eine Tee-Packung mit zehn Einzelbeuteln oder eine Monatskur, die 30 Einzelbeutel enthält und sicher die bessere Alternative darstellt.

Ein Einzelbeutel dieser Packung ist ausreichend für einen ganzen Tag und ergibt, da man ihn mehrmals aufgießen kann, ohne an Wirkung einzubüßen, bis zu zehn Tassen Tee.

Die richtige Anwendung

Nur wenn Sie Tee »richtig behandeln«, wird er sein volles Wirkungs- und auch Geschmacksspektrum entfalten können. Wichtig dabei ist vor allem, wie Sie den Tee aufgießen und wie lange sie ihn ziehen lassen. So bereiten Sie den Acht-Schätze-Tee richtig zu:

- Verwenden Sie eine große Teetasse (0,25 l).
- Gießen Sie den Inhalt mit nicht mehr siedendem Wasser auf und lassen Sie den Aufguss vier Minuten ziehen.
- Sie können die Mischung so viele Male aufgießen, wie Sie möchten – auch nach dem zehnten Aufguss entwickelt der Tee noch seine Wirkung.
- Lassen Sie die Mischung aber nicht über Nacht stehen und eintrocknen, sondern verwenden Sie am nächsten Tag einen frischen Beutel.
- Während der Monatskur sollten Sie möglichst auf Alkohol und Nikotin verzichten und schwere, fettreiche Speisen meiden.

Den Acht-Schätze-Tee können Sie so oft aufgießen, wie Sie möchten.

Wo Sie den Tee erhalten

Den Acht-Schätze-Tee gibt es in gut sortierten Apotheken sowie im Fach- und Versandhandel. Achten Sie bitte besonders darauf, dass Sie die Qualitätsstufe 1 erhalten. Sie ist zwar teuer, reicht aber für 30 Tage. Nach diesem Monat sollte sich Ihr Allgemeinbefinden spürbar gebessert haben.

Gut zu wissen

Die Wirkung des Acht-Schätze-Tees im Überblick

Acht-Schätze-Tee gleicht Yin und Yang aus, stärkt das Immunsystem und wirkt ferner:

- bei nachlassender Libido, bei nachlassender Manneskraft
- anregend auf die Ausschüttung von Sexualhormonen
- bei vorzeitigem Samenerguss
- bei starkem Harndrang
- bei Verstopfung
- bei erhöhtem Blutdruck
- stärkend auf Hör- und Sehvermögen
- stoffwechselanregend

Ling Zhi – ein Pilz hält Medizin, Forschung und Industrie, in Ost und West, in Atem. Er ist äußerst selten, fantastisch teuer und wegen seiner Wirkungsweise mittlerweile nicht nur in China heiß begehrt. Lange Zeit lag Ling Zhi, der neben Ginseng eigentlich eines der ältesten und wichtigsten Heilmittel Chinas ist, im Dornröschenschlaf, bis er Mitte der 90er Jahre in China neu entdeckt wurde. Mittlerweile ist er dabei, seinen Ruf als Wunderpilz zu etablieren: Er soll Erstaunliches bewirken – selbst bei schwersten Erkrankungen.

Ling-Zhi-Tee –

ein Getränk aus dem Wunderpilz Ganoderma

Ein medizinischer *Cocktail*

Ling Zhi gehört zur Familie der Ganoderma-Pilze, die in westlichen Ländern so gut wie nicht verbreitet sind. Er wächst nur in Chinas Kräutergarten Yunnan. Bereits äußerlich fällt er durch seinen lackartigen, beinahe unnatürlichen Glanz auf. Unter dieser Oberfläche entdeckten Wissenschaftler einen Cocktail an Wirkstoffen:

- 18 verschiedene Aminosäuren,
- die Vitamine B_1, B_2, B_6 und E,
- viele Mineralien und 15 Spurenelemente,
- Alkaloide,
- Coumarin, Mannitol, Ergosterin,
- spezielle Polysaccharide
- und einen wissenschaftlich als »Organogermanium« bezeichneten Wirkstoff.

Der Ling-Zhi-Pilz fällt durch seinen unnatürlichen lackartigen Glanz auf.

Vor allem die Polysaccharide und das Organogermanium kommen in extrem hohen Konzentrationen vor, wobei das Organogermanium sogar viermal höher konzentriert ist als in der berühmt berüchtigten Ginsengwurzel.

Aus den medizinischen Chroniken Chinas

Unter den wichtigen Heilmitteln Chinas zählt Ling Zhi neben Ginseng zu den ältesten. Medizinische Abhandlungen über die Wirkungen des Ling-Zhi-Pilzes sind uralt und beschreiben die Pilz-Zubereitung als Jungbrunnen, der bei regelmäßigem Genuss eine robuste Gesundheit und ein hohes Alter verspricht. Die Chroniken der Traditionellen Chinesischen Medizin berichten über die Wirkungen des Ling-Zhi-Tees Folgendes:

- Er schützt Leber und Nieren.
- Er stärkt Herz und Lungen.
- Er kuriert Krankheiten in der Brust.
- Er ist gut für die Augen und das Gehör.
- Er macht den Geist frei und stärkt das Gedächtnis.
- Er festigt die Knochen und ist gut für Knöchel, Bänder, Sehnen und Haut.

Ling Zhi zählt zu den ältesten Heilmitteln Chinas und verspricht bei regelmäßigem Genuss ein hohes Lebensalter.

Ling-Zhi-Tee kann die Behandlung schwerer Immunschwächeerkrankungen unterstützen.

Im Kampf gegen die großen Krankheiten unserer Zeit

Nachdem klinische Berichte über erstaunliche Erfolge in Prävention und Therapie selbst bei schweren Erkrankungen wie Krebs und Aids vorliegen, machen sich wissenschaftliche Institute auf internationaler Ebene daran, das scheinbar phänomenale Wirkungsspektrum des Pilzes zu erforschen.

Erste Ergebnisse aus China belegen, dass besonders durch die speziellen Polysaccharide des Pilzes das Immunsystem positiv beeinflusst wird. Bestimmte Wirkstoffe des Pilzes sind sogar in der Lage, bestehende Krebszellen abzutöten.

Laut renommierten chinesischen Wissenschaftlern spricht vieles für die Möglichkeit, den Ling-Zhi-Pilz in der Therapie von Erkrankungen wie Aids, Krebs und anderen schweren Immunschwächeerkrankungen wirksam einsetzen zu können.

Praktische Tipps

In Deutschland, Österreich und der Schweiz ist der Tee nur bei wenigen China-Importeuren erhältlich. Das Teeprodukt besteht aus bestem Jasmintee, der in einem modernen Verfahren mit pulverisierten Ganoderma-Pilzsporen versetzt wurde, und ist deshalb nicht nur hoch wirksam, sondern wartet auch mit einem unglaublich feinen Aroma auf.

Ling Zhi aus der Familie der Ganoderma-Pilze enthält viele wertvolle Aminosäuren, Mineralien und Spurenelemente.

Eine handelsübliche Packung enthält 30 einzeln verschweißte Teebeutel. So kann der Tee weder seine wertvollen Wirkstoffe noch sein fantastisches Aroma verlieren.

Wie Sie Ling-Zhi-Tee zubereiten

Für ein Optimum an Wirkung sollten Sie den Tee regelmäßig trinken und am Tag einen Beutel zu sich nehmen – eine Packung ist dann ausreichend für eine Monatsanwendung:

- Einen Beutel mit nicht mehr kochendem Wasser (etwa 80 bis 85 °C) übergießen.
- Etwa 20 bis 30 Sekunden ziehen lassen und den Beutel wieder herausnehmen.
- Ein einmal benutzter Teebeutel lässt sich für drei weitere Aufgüsse verwenden.
- Bei weiteren Aufgüssen ist es empfehlenswert, den Tee länger ziehen lassen.
- Den Tee auf keinen Fall süßen oder mit Milch vermischen, da dies die Wirkung der Inhaltsstoffe stark mindert.
- Während einer Teekur möglichst keine alkoholischen Getränke zu sich nehmen. Nutzen Sie die Zeit, um Ihren Körper von Giftstoffen zu entschlacken und zu regenerieren.

Die Inhaltsstoffe des Ling-Zhi-Tees können das Immunsystem nachhaltig stabilisieren; der Tee eignet sich daher gut für eine Immunkur.

Gut zu wissen

Die Wirkung des Ling-Zhi-Tees im Überblick

Ling Zhi ist nach den Erkenntnissen der TCM allgemein immunstärkend und ferner wirksam bei:

- Herzkranzerkrankungen
- Herzrhythmusstörungen
- Angina Pectoris
- Vorbeugung gegen Herzinfarkt
- Bluthochdruck
- Gefahr von Thrombosen
- Asthma
- Chronischer Bronchitis
- Emphysemen
- Fettleber
- Entzündung der Bauchspeicheldrüse
- Rheuma
- Hämorrhoiden
- Impotenz
- Menopausesyndromen

7-Tage-Immunkur für alle Jahreszeiten

Mit den folgenden, ausgewählten Rezepten der chinesischen Küche werden Sie feststellen, wie unkompliziert und schnell, schmackhaft und vor allem energetisierend gesundes Essen sein kann. Die Rezepte sind für eine einwöchige »Immunkur« ausgelegt und werden dafür sorgen, dass nicht nur Pfunde purzeln, sondern vor allem Ihr Immunsystem gestärkt wird. Die angegebenen Mengen reichen jeweils für vier Personen. Während der Kur sollten Sie auf Alkohol möglichst ganz verzichten; es sollte Ihnen zum Ritual werden, gleich nach dem Aufstehen eine große Tasse chinesischen Tee zu trinken.

Als Beilage immer Reis

Als Beilage zu den Mittagsgerichten gibt es immer eine Portion (= eine Tasse) gekochten ungesalzenen Reis – am besten chinesischen Klebreis oder Duftreis: Dazu geben Sie eine Mengeneinheit gewaschenen Reis und die anderthalbfache Menge Wasser in einen Topf und erhitzen das Ganze. Sobald der Reis kocht, einen Deckel auf den Topf setzen und die Hitze ausschalten. 20 Minuten ziehen lassen – fertig! Den Reis nicht würzen.

Der passende Tee zu den jeweiligen Zutaten

Die Tees sind auf die Immunwirkung des jeweiligen Gerichts abgestimmt und die empfohlene Trinkmenge dürfen Sie nach Belieben erhöhen. Lediglich beim Pu-Erh-Tee sollten Sie aufgrund seiner anregenden Wirkung abends maximal eine Tasse trinken. Wasser als Zusatzgetränk ist nicht nur erlaubt, sondern sogar sehr empfohlen.

Trinken Sie während der Immunkur viel natriumarmes Mineralwasser oder gutes Leitungswasser.

Einwöchige Immunkur

Traditionelle Reissuppe zum Frühstück

Das Frühstück besteht an allen Tagen, wie bei den Chinesen üblich, aus einer Tasse Reissuppe. Am besten kochen Sie aus einem Suppenhuhn Hühnerbrühe auf Vorrat.

Zutaten

- 1 ganzes Huhn
- 1 Prise Salz
- 1 Bund Suppengrün
- Einige Knoblauchzehen
- 1 TL Ingwer, gehackt
- gekochter Reis
- Schnittlauch oder Frühlingszwiebeln, gehackt

Je nach Vorliebe können Sie Naturreis oder Langkornreis für die Reissuppe verwenden.

1. Zwei Liter Wasser mit einer Prise Salz zum Kochen bringen, das Huhn, Suppengrün, Knoblauch und den Ingwer (ruhig mit Schale, denn in ihr sind viele wichtige Mineralstoffe enthalten) hineingeben und mindestens 1,5 Stunden leicht köcheln.
2. Die Brühe durchsieben und erkalten lassen. Alles Fett abschöpfen.
3. Pro Tasse 3 EL gekochten Reis in die Brühe geben, mit gehacktem Schnittlauch oder Frühlingszwiebeln oder sauer oder scharf eingelegtem Gemüse würzen.

1. Tag

Zum Frühstück: Eine Tasse chinesische Reissuppe, dazu eine große Tasse (0,25 l) Pu-Erh-Tee

Zum Mittagessen: Gedämpftes Hähnchen mit Frühlingszwiebeln

Immuneffekt: Ingwer, Zwiebeln, Huhn in Verbindung mit Pu-Erh-Tee stärken den Leber-Meridian: Sie entgiften, entschlacken und kräftigen das Immunsystem.

Zutaten

- 1 Hähnchen (ca. 1000 g)
- 2 Frühlingszwiebeln
- 3 Scheiben frischer Ingwer
- 1 EL Salz
- 1 TL China-Würzmischung (Fünf-Gewürz-Pulver)
- 1 EL Reiswein
- 1/2 Tasse in Streifen geschnittene Frühlingszwiebeln
- 1/3 Tasse in Streifen geschnittener frischer Ingwer
- 2 EL Öl

1. Frühlingszwiebeln und Ingwer plattklopfen, mit dem Salz, dem Fünf-Gewürz-Pulver und dem Reiswein verrühren.
2. Das Hähnchen säubern, abtrocknen, mit der Gewürzmischung außen und innen einreiben und eine halbe bis eine Stunde einziehen lassen.
3. Die Schüssel mit Hähnchen und Gewürzen in einen Topf stellen, ein wenig Wasser auf den Boden des Topfes gießen und in ca. 40 Minuten gar dämpfen. Nach weiteren zehn Minuten das Hähnchen herausnehmen.
4. Das Hähnchen mundgerecht klein schneiden, mit Frühlingszwiebel- und Ingwerstreifen anrichten und heißes Öl darübergießen.
5. Dazu sollten Sie eine große Tasse (0,25 l) Pu-Erh-Tee trinken.

Zum Abendessen: Melonensuppe

Zutaten

- 6 getrocknete chinesische Pilze, z. B. Baumohren
- 500 g Wassermelone
- 3/4 l Hühnerbrühe (s. Seite 45)
- 1 dünne Scheibe gekochter, magerer Schinken
- 1 EL Maisstärke

1. Nach dem Einweichen die Pilzkappen vierteln. Die Melone schälen, Kerne und faseriges Gewebe entfernen und das Melonenfleisch in mundgerechte Stücke schneiden.
2. Hühnerbrühe, Melone und Pilze in einem Topf aufkochen, halb zugedeckt 15 Minuten köcheln, dann mit der Maisstärke abbinden.
3. Den Schinken in feine Streifen schneiden und vor dem Servieren in die Suppe geben.
4. Dazu eine Tasse Pu-Erh-Tee trinken.

2. Tag

Zum Frühstück: eine Tasse chinesische Reissuppe, dazu eine große Tasse (0,25 l) Drei-Blumen-Tee

Zum Mittagessen: Fisch mit Paprika

Zutaten

Für das Hauptgericht
- 500 g Meeresfisch (z. B. Rotbarsch)
- 1 TL frische Ingwerwurzel, fein gehackt
- 1 EL Reiswein
- 1 große rote Paprikaschote
- 1/2 Tasse Strohpilze oder Champignons
- 1 Knoblauchzehe, zerkleinert
- 1 EL Schalotten, fein gehackt
- etwas Sojaöl zum Braten
- 1 TL Stärke, mit Wasser angerührt
- je 1 Prise Salz, Zucker und Pfeffer

Für die Sauce
- 5 EL fettarme Brühe
- 1 EL Tomatenmark
- 1 EL dunkle Sojasauce
- 1 EL chinesischer Essig

Immuneffekt: Fisch, Ingwer, Honig, Knoblauch in Verbindung mit Drei-Blumen-Tee fördern die Zellfunktion.

1. Den Fisch säubern; Ingwer und Wein mischen und den Fisch damit innen und außen einreiben. 15 Minuten marinieren.
2. Paprika und Pilze in Streifen schneiden.
3. Die Saucenzutaten mischen.
4. Knoblauch mit Öl im Wok oder in einer Pfanne braten, bis er zu duften beginnt; dann die Schalotten hineingeben und anbraten.

5. Den Fisch dazugeben, beidseitig anbraten und bei kleiner Hitze zugedeckt 15 bis 20 Minuten schmoren. Den Fisch warm stellen.
6. Paprika und Pilze im Öl kräftig anbraten, mit der Sauce löschen, die Gewürze zugeben und mit der Stärke abbinden.
7. Die Sauce nochmals aufkochen und über den Fisch gießen.
8. Dazu eine große Tasse (0,25 l) Drei-Blumen-Tee trinken.

Zum Abendessen: Meeressuppe

Der Drei-Blumen-Tee liefert wertvolle Mineralien und Vitamine.

Zutaten

- 5–6 getrocknete Mu-Erh-Pilze
- 1/2 TL Salz
- 1 Abalonenfilet oder ersatzweise 100 g Fischfilet
- 1 EL Sojaöl
- 1 TL Sojasauce
- 1/2 TL Honig
- 1 EL Erbsen, gekockt
- 1 EL Frühlingszwiebeln, fein gehackt
- 1 Scheibe frischer Ingwer, fein gehackt
- 2 zerdrückte Knoblauchzehen
- 1 TL Maisstärke

1. Pilze eine Stunde einweichen, dann kleinschneiden; die Abalone in feine Streifen schneiden.
2. Frühlingszwiebeln, Knoblauch, Ingwer und Pilze mit Öl im Wok etwa eine Minute schmoren; die Abalone und die Erbsen zufügen und unter Umrühren nochmals eine halbe Minute schmoren.
3. Sojasauce, Salz und Honig darunterrühren.
4. Die Suppe mit Maisstärke abbinden.
5. Dazu eine große Tasse (0,25 l) Drei-Blumen-Tee trinken.

3. Tag

Zum Frühstück: eine Tasse chinesische Reissuppe, dazu eine große Tasse (0,25 l) Tienchi-Danshen-Tee

Zum Mittagessen: Hähnchen mit Sauce nach Chengdu-Art

Zutaten

- 1 Hähnchen (ca. 1000 g)
- 1 EL roter Chili, zerhackt
- 1 TL Sichuanpfeffer
- 2 EL scharfe Bohnensauce (Doubanjiang, gibt es im Chinaladen)
- 1/2 EL Ingwer, gehackt
- 1/2 EL Knoblauch, gehackt
- 2 TL Salz
- 1 TL Zucker
- 1/2 EL schwarzer Reisessig
- 1 EL Reiswein
- 2 TL Reisstärke oder Maisstärke
- 2 EL Frühlingszwiebel, gehackt
- 2 EL Staudensellerie, klein gehackt
- 1/2 Tasse Öl

Immuneffekt: Chilis (Roter Pfeffer) in Verbindung mit Huhn, Fisch, Sojabohnen und Tienchi-Danshen-Tee verbessern den Fluss des Qi (Lebensenergie), versorgen den Körper mit lebenswichtigen Vitaminen, machen das Blut flüssig und verbessern die Sauerstoffversorgung der Zellen.

1. Das Hähnchen mit Haut und Knochen klein hacken.
2. Die einzelnen Hähnchenstücke in heißem Öl ca. zwei Minuten stark anbraten.
3. Sichuanpfeffer, Chili und die Bohnensauce hinzufügen und weitere zwei Minuten braten.
4. Mit Reiswein, Ingwer, Knoblauch, Salz, Zucker, Essig und einer Tasse heißem Wasser zugedeckt weitere 15 Minuten schwach köcheln, bis das Fleisch gar ist.
5. Mit der Reisstärke abbinden, den rohen Stangensellerie und die rohen Frühlingszwiebeln dazugeben und servieren.
6. Dazu eine große Tasse (0,25 l) Tienchi-Danshen-Tee trinken.

Zum Abendessen: Scharf-saure Suppe

Zutaten

- 100 g magere Hühnerbrust
- 1 EL Mehl
- je 1 Prise Salz und Pfeffer
- etwas Sojaöl zum Braten

- 6 Tassen Hühnerbrühe, entfettet
- 1/2 Tasse Bambussprossen, in feine Streifen geschnitten
- 1 Stück Lauch (ungefähr 10 cm lang) in dünne Scheiben geschnitten
- 3 aufgeweichte Strohpilze, in Streifen geschnitten
- 10 g Glasnudeln, in kaltem Wasser eingeweicht
- 50 g Krabben
- 2 EL Maisstärke, mit etwas Wasser verrührt
- je 2 EL Sojasauce und chinesischer Reisessig
- 3 Eier
- 1 EL getrocknete Chilis, gehackt

1. Das Fleisch in hauchdünne, ungefähr zwei Zentimeter lange Streifen schneiden und mit Mehl, Salz und Pfeffer sorgfältig vermischen.
2. Das Fleisch in heißem Sojaöl unter stetigem Rühren scharf durchbraten.
3. Mit der Hühnerbrühe ablöschen, zum Kochen bringen. Dann zuerst das Gemüse, die Pilze, die eingeweichten Glasnudeln und die Krabben zufügen; danach die Stärke, die Sojasauce und den Essig dazugeben.
4. Die Eier verquirlen, in die Suppe rühren und alles zwei Minuten kochen.
5. Die Suppe mit Salz, Pfeffer und Chilis abschmecken und mit Maisstärke abbinden.
6. Dazu eine große Tasse (0,25 l) Tienchi-Danshen-Tee trinken.

4. Tag

Zum Frühstück: eine Tasse chinesische Reissuppe, dazu eine große Tasse (0,25 l) Bing-Ling-Tee

Zum Mittagessen: Rührei mit Pilzen

Zutaten

- 4 bis 6 schwarze China-Pilze
- 1/2 Tasse Wolkenohren
- 5 Eier
- 1 EL dunkle Sojasauce

- etwas Sojaöl zum Braten
- Knoblauchzehe, fein gehackt
- 1/2 TL Ingwer, fein gehackt
- 1/2 Tasse frische Bohnensprossen
- 1 Prise Salz, Pfeffer

1. Die getrockneten Pilze einweichen. Drei Esslöffel von der Pilzbrühe abmessen. Beide Pilzsorten klein schneiden und die harten Stempel entfernen.
2. Eier verquirlen, Pilzbrühe und Sojasauce untermischen.
3. Knoblauch und Ingwer mit Öl kurz im Wok anbraten und dann die Pilze zufügen. Nach einer Minute die Bohnensprossen zu den Pilzen geben und alles nochmals eine Minute braten.
4. Zum Schluss die Eiermasse zugießen und stocken lassen. Vor dem Servieren würzen.
5. Dazu eine große Tasse (0,25 l) Bing-Ling-Tee trinken.

Immuneffekt: Ingwer, Knoblauch, Pilze und Huhn in Verbindung mit Dong Ling Cao versorgen den Körper mit Aminosäuren und Spurenelementen, wirken auf den Lungen-Meridian, entgiften und regen die Verdauung an und sind ein wirksames Mittel zur Krebsvorsorge.

Zum Abendessen: Scharfe Geflügellebersuppe

Zutaten

- 500 g Geflügelleber
- 2 EL frische Ingwerwurzel, klein gehackt
- 3 EL Schalotten, klein gehackt
- 3 Eier
- je 1 Prise Salz, Pfeffer, Chilipulver
- 6 Tassen Hühnerbrühe
- 1 EL Reiswein
- frisches Korianderkraut, fein gehackt

1. Leber fein hacken und mit Ingwer und Schalotten vermischen.
2. Eier verquirlen, mit Salz, Pfeffer und Chilipulver würzen. Zusammen mit dem Reiswein und einer halben Tasse Brühe unter die Leber mischen.
3. Aus dieser Masse Bällchen von zwei Zentimeter Durchmesser formen und diese im chinesischen Dämpftopf etwa 15 bis 20 Minuten dämpfen.
4. Die fertigen Bällchen in eine Suppenterrine geben, die restliche Hühnerbrühe erhitzen und über die Bällchen gießen; vor dem Servieren mit Korianderkraut bestreuen.
5. Dazu eine große Tasse (0,25 l) Bing-Ling-Tee trinken.

5. Tag

Zum Frühstück: eine Tasse chinesische Reissuppe, dazu eine große Tasse (0,25 l) Ling-Zhi-Tee

Zum Mittagessen: gedämpftes Schweinerippchen mit schwarzer Bohnensauce

Zutaten

- 700 g fleischige Brustrippchen vom Schwein
- 2 EL schwarze Bohnen
- 1 Knoblauchzehe, fein gehackt
- 2 EL dunkle Sojasauce
- 1 TL Maisstärke
- 1 EL Zucker
- 1 Frühlingszwiebel

Immuneffekt: Schwein, Sojabohnen und -sauce, Knoblauch und Zwiebeln, Huhn und Koriander in Verbindung mit Ling-Zhi-Tee regen den Stoffwechsel an; sie stärken bei Erschöpfungszuständen, unterstützen den Stoffwechsel von Bändern, Sehnen, Knochen und der Haut und beugen Herz- und Kreislauferkrankungen vor.

1. Rippchen klein hacken und in eine Schüssel geben.
2. Bohnen abspülen, abtropfen lassen und zerdrücken. Mit Knoblauch, Sojasauce, Stärke und Zucker vermischen und die Masse auf den Rippchen verteilen.
3. Die Rippchen im chinesischen Dämpftopf garen, je nach Fleischbeschaffenheit 55 bis 60 Minuten.
4. Die klein gehackte Frühlingszwiebel darübergeben und heiß servieren.
5. Dazu eine große Tasse (0,25 l) Ling-Zhi-Tee trinken.

Zum Abendessen: Zuckermais-Suppe

Zutaten

- 50 g mageres Hühnerfleisch
- 1 EL Reiswein
- etwas Sojaöl zum Braten
- Pfeffer
- 1 Prise Salz
- 1 Ei
- 1 TL helle Sojasauce
- 6 Tassen fettarme Hühnerbrühe
- 200 g Zuckermais (aus der Dose)
- 1 Prise Salz, Pfeffer
- 1/2 TL Sesamöl
- 1 EL frisches Korianderkraut, fein gehackt

1. Hühnerfleisch in Streifen schneiden und mit dem Reiswein vermischen. Mit Öl im Wok eine Minute unter Rühren braten, bis es Farbe angenommen hat. Mit Pfeffer und Salz würzen, warm stellen.
2. Das Ei verquirlen und mit der Sojasauce vermischen. Brühe aufkochen und das Ei hineinrühren. Mais und Hühnerfleisch zugeben.
3. Die Suppe nachwürzen, nochmals kurz aufkochen; das Sesamöl darüber träufeln und mit dem Koriander bestreut servieren.
4. Dazu eine große Tasse (0,25 l) Ling-Zhi-Tee trinken.

6. Tag

Zum Frühstück: eine Tasse chinesische Reissuppe, dazu eine große Tasse (0,25 l) Grüner Tee

Zum Mittagessen: geräuchertes Huhn nach Sichuan-Art

Zutaten

- 1 zartes Hühnchen (ca. 1 kg)
- 2 EL Sichuanpfeffer
- 1 1/2 EL Salz
- 1 Frühlingszwiebel
- 3 Scheiben Ingwer
- 2 Stück Sternanis
- 1 Zimtstange
- 1 kleines Stück getrocknete Orangenschale, unbehandelt
- 1 Tasse Sojasauce
- je 1/2 Tasse Zucker, Mehl
- 1/2 Tasse Pu-Erh-Teeblätter

Immuneffekt:
Huhn, Ingwer, Zimt, Anis, Sichuanpfeffer, Soja in Verbindung mit Grünem Tee wirken der Arteriosklerose entgegen, stoppen den Alterungsprozess und stärken die Schleimhäute, sodass Bakterien keine Angriffsfläche finden.

1. Den Pfeffer mit dem Salz anbraten und das gewaschene Hähnchen innen und außen damit einreiben. Die Pfefferkörner entfernen.
2. Die Frühlingszwiebel, den Ingwer, Anis, Zimt und die Sojasauce mit acht Tassen Wasser ca. zehn Minuten kochen, das Hühnchen dazugeben und weitere zehn Minuten garen. Nach fünf Minuten einmal wenden. Dann das Hähnchen herausnehmen und abkühlen lassen.
3. Zucker, Mehl und die Pu-Erh-Teeblätter in einen großen Topf geben, ebenfalls die gekochten Frühlingszwiebeln, Ingwer, Sternanis und Orangenschalen und darüber, auf einem Dreifuß, ein mit Öl ausgefettetes Metallsieb aufstellen. Das Hähnchen darauflegen, den Deckel schließen und auf mittlerer Flamme acht Minuten lang räuchern. Wenden und noch einmal fünf Minuten räuchern.

4. Die Hitze abdrehen und das Hähnchen nach etwa fünf Minuten herausnehmen, sobald es eine tiefgelbe Farbe hat; die Haut mit Speiseöl einpinseln, damit sie weich wird. In mundgerechte Stücke schneiden und servieren.
5. Dazu eine große Tasse (0,25 l) Grüner Tee trinken.

Zum Abendessen: Eier-Blumen-Suppe

Zutaten

- 2 Zwiebeln
- 3/4 l Hühnerbrühe
- 150 g Bambussprossen, in dünne Streifen geschnitten
- 1 Prise Zucker
- 1 EL Sojasauce
- 75 g geschälte Krabben
- 1 EL Reiswein
- 1 Prise Salz, Pfeffer
- 1 Ei

1. Zwiebeln grob schneiden und zusammen mit der Brühe zehn Minuten kochen.
2. Bambussprossen, Zucker, Sojasauce und Krabben zufügen und alles zum Kochen bringen. Reiswein zugeben und nach Geschmack leicht salzen und pfeffern.
3. Das Ei verquirlen und in die heiße Suppe gießen, dabei gut durchrühren. Die Suppe sofort servieren.
4. Dazu eine große Tasse (0,25 l) Grüner Tee trinken.

7. Tag

Zum Frühstück: eine Tasse chinesische Reissuppe, dazu eine große Tasse (0,25 l) Acht-Schätze-Tee

Zum Mittagessen: Rindfleisch mit süß-saurer Sauce

Zutaten

Für das Hauptgericht

- 300 g mageres Rindfleisch zum Kurzbraten aus der Keule
- etwas Sojaöl zum Braten
- 1–2 EL Stärke
- 1 EL Reiswein
- Pfeffer

Für die Sauce

- 5 EL Hühnerbrühe
- 1 EL braune Bohnensauce
- 2 EL Sojasauce
- 1 EL Reiswein
- 1 EL chinesischer Reisessig
- 1 TL Zucker
- 1 EL Schalotten, fein gehackt
- 1 TL Ingwer, fein gehackt

1. Rindfleisch in hauchdünne, ca. 5 cm lange Streifen schneiden und in der Stärke wälzen.
2. Die Zutaten für die Sauce mischen.
3. Das Fleisch im Wok mit Öl scharf anbraten und bei kleiner Hitze zugedeckt etwa zehn Minuten schmoren lassen.
4. Die Sauce gut untermischen und alles nochmals schmoren lassen, bis die Sauce etwas eingedickt ist. Heiß servieren.
5. Dazu eine große Tasse (0,25 l) Acht-Schätze-Tee trinken.

Immuneffekt:
Ingwer, Zwiebeln, Rindfleisch, Soja, Essig in Verbindung mit dem Tee aus acht Schätzen schwingen Yin und Yang ein und wirken auf den Nieren- und den Lungen-Meridian. Sie regen die Ausschüttung von Sexualhormonen an, senken den Blutdruck und fördern den Stoffwechsel.

Zum Abendessen: marmorierte Pu-Erh-Tee-Eier (einen Tag vorher zubereiten)

Zutaten

- 12 große Hühner- oder Enteneier
- 1 1/2 TL Meersalz zum Kochen
- 1 Prise Meersalz zum Servieren
- 3 EL Pu-Erh-Teeblätter
- 2 EL dunkle Sojasauce
- 2 zerkleinerte Stücke Sternanis (oder 1 EL Anissamen)
- 2 Zimtstangen

1. Die Eier in kaltem, mit Meersalz gesalzenem Wasser erwärmen und fünf Minuten leicht kochen, unter eiskaltem Wasser abschrecken. Das Kochwasser mit dem Meersalz jedoch nicht wegschütten.
2. Die Schale der abgekühlten Eier mit einem Löffel so klopfen, dass sie zwar feine Brüche bekommt, jedoch nicht abfällt.
3. Das Meersalz-Kochwasser zusammen mit den Teeblättern, der Sojasauce, dem Sternanis und den Zimtstangen aufkochen, dann die Hitze reduzieren und die Eier im simmernden Kochwasser zwei Stunden lang ziehen lassen, bis die Eierschalen braun sind.
4. Die Eier in der Kochflüssigkeit auf Zimmertemperatur abkühlen und zugedeckt über Nacht in den Kühlschrank stellen.
5. Dazu eine große Tasse (0,25 l) Acht-Schätze-Tee trinken.

Bezugsquellen

China-Tees werden in Deutschland, Österreich und der Schweiz in Apotheken, Reformhäusern, Drogerien und im Fachhandel angeboten. In China-Shops findet man meist billige, mindere Qualitäten, oft mit Schadstoffbelastung.
Ein verlässlicher Markenanbieter ist die W. Schoenenberger GmbH, 71102 Magstadt, die auch einen in Deutschland verarbeiteten, rückstandsfreien Pu-Erh-Instant-Tee in ihrem Programm hat (50 g kosten ca. 25 DM).
Apotheken können über spezialisierte Importeure auch seltenere Tees wie den Ling-Zhi-Tee beschaffen.

Spezialisierte Importeure und Versandhäuser für China-Tees

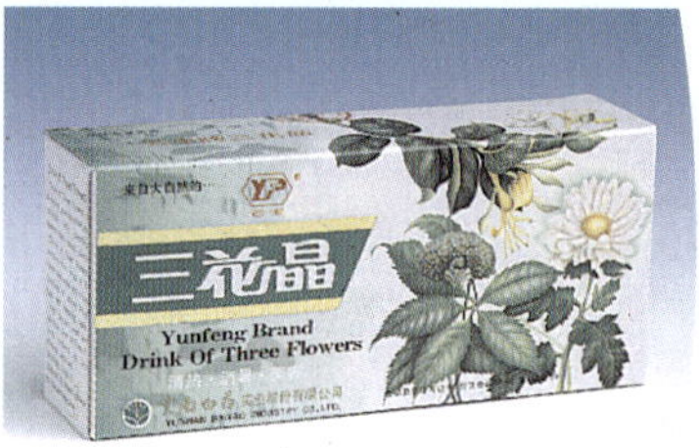

Deutschland

- Armitron Handels-GmbH
  & Co. KG
  Exklusive Importe aus China
  Postfach 1222
  D-82324 Tutzing
  Tel. (+49)0 81 58/60 14
  Fax 62 37
  eMail: info@armitron.de
  Internet:
  http://www.armitron.de

Österreich

- Heissenberger Tee und Kaffee
  Vertriebsgesellschaft mbH
  Hauptplatz 6
  A-8010 Graz
  Tel. (+43)03 16/82 26 55
  Fax 82 26 55 17
  eMail:
  heissenberger@magnet.at
  Internet: e-coffeetea.com

Service Beratung und Informationen

Schweiz

- ECI GmbH
  Exclusive China Importe
  Hauptstraße 11
  CH-4132 Muttenz 1
  Tel. (+41)0 61/4 61 97 97
  Fax 4 61 97 95

Spanien

- Teatime Especialidades Internacionales de Te
  C.C. Botanico
  Local 85
  E-35100 San Fernando-Maspalomas
  Tel./Fax (+34)9 28/76 72 72

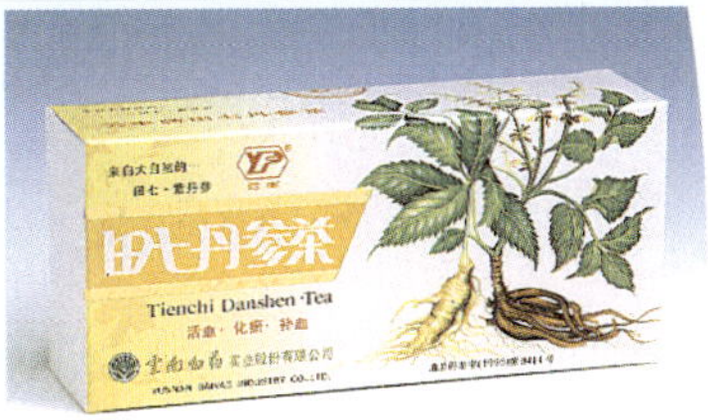

Beratung und Informationen

- Chinesische Naturheilpraxis
  Li Wu
  Stuntzstraße 51
  D-81677 München
  Tel./Fax 0 89/91 07 58 54
  ab Frühjahr 2000:
  Gotthelfstraße 28

  D-81677 München
  Tel. 0 89/91 05 97 98
  Fax 91 05 97 99

- Naturheilpraxis
  Teichmann-Klitzner
  Kalkofenstraße 13
  D-86932 Lengenfeld
  Tel. 0 81 96/99 94 98
  Fax 99 94 98

- Naturheilpraxis
  Werner Schwarz
  Ruhrstraße 11
  D-58452 Witten/Ruhr
  Tel. 0 23 02/1 29 40
  Fax 1 29 24

- Naturheilpraxis
  Dr. Siegfried Müller
  Ärztehaus Leipziger Straße
  D-06766 Wolfen
  Tel. 0 34 94/4 40 92
  Fax 4 40 92

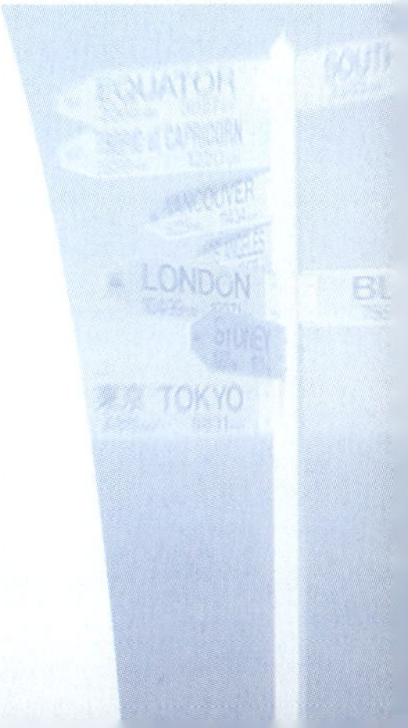

Service Verbraucherinformationen

Wichtige Hinweise über den Pu-Erh-Tee

Pu-Erh-Tee gehört mittlerweile zum Angebot der meisten Apotheken, Reformhäuser und Tee-Fachgeschäfte. Achten Sie beim Einkauf darauf, dass Sie nur Tee der chinesischen Qualitätsstufe Eins erhalten. Der ist zwar teuer und sehr viel seltener, besitzt dafür aber die größte Wirksamkeit. Einen Anhaltspunkt für die Qualitätsklasse liefert Ihnen der Preis: 100 Gramm hochwertigen Pu-Erh-Tees kosten ungefähr 30 DM.

Bei Billig-Angeboten, die häufig mit Rückständen diverser Pflanzenschutzmittel belastet sind, handelt es sich meist nicht um echten Pu-Erh-Tee. Sie erkennen mindere Qualitätsstufen, die oft gar nicht aus Yunnan stammen, leicht an den groben Blättern, untergemischten Holzstängeln und daran, dass er auch nach längerem Ziehen kaum Farbe abgibt und sein Aroma häufig muffig ist. Entscheiden Sie sich nur für einen Händler, der Ihnen die angebotene Tee-Qualität belegen kann. Vertrauenswürdige Bezugsadressen sind beispielsweise alt eingesessene und China-erfahrene Versandunternehmen.

Instant-Pu-Erh-Tee für Reise und Büro

Ein völlig neues, modernes Produkt aus Pu-Erh-Tee hat Prof. Wang Guorong von der Provinzregierung Yunnan nur für den Export nach Europa entwickelt: Instant-Pu-Erh-Tee der Klasse 1 aus biologisch angebauten Frühlingsspitzen, die sich durch einen außergewöhnlich hohen Gehalt an Aminosäuren und Vitaminen auszeichnen. Dieser Tee ist unglaublich ergiebig: Aus 100 g voll löslichem Instant-Pulver gewinnt man rund 1200 Tassen Tee. Erhältlich ist der Tee in Europa für ca. 70 DM pro 100 Gramm bei China-Import- und Versandhäusern.

Katechamine und Koffein in China-Tees

Grüner Tee und Pu-Erh-Tee enthalten neben geringen Mengen Koffein, das auch im Kaffee enthalten ist, so genannte Katechine oder Katecholamine. Diese

Substanzen werden im Körper zu Stoffen umgebaut, die den Kreislauf aktivieren und auf natürliche Weise die Koffein-Wirkung verstärken.
Koffein in Verbindung mit Katechinen oder Katecholaminen hat beim Grünen Tee und Pu-Erh-Tee eine verblüffend andere Wirkung als das schnell wirkende Koffein des Kaffees: Es wird nicht im Magen, sondern erst später im Darm aufgeschlossen und gelangt wesentlich langsamer ins Blut. Es beeinflusst nicht primär den Kreislauf, sondern vor allem das zentrale Nervensystem. Im Gehirn regt es Stoffwechsel und Durchblutung an und verstärkt so die Denkfähigkeit. Zusätzlich dämpft es das Hungergefühl.
Camellia sinensis ist somit auch ein ganz natürlich Appetitzügler, der keine kritischen Nebenwirkungen aufweist.

Pu-Erh-Tee als Bakterienkiller

Pu-Erh-Tee wirkt bakteriostatisch und ist deshalb ein hervorragendes Präventionsmittel gegen die unterschiedlichsten Infektionskrankheiten. Ein Dekokt aus 100 Gramm Teeblättern und 0,7 Liter nicht mehr kochendem Wasser beispielsweise tötet die bakteriellen Erreger der gefährlichen Infektionskrankheit Ruhr ab, so eine Untersuchung der Universität Kunming.

Eigens angefertigte China-Mischungen

Was in Deutschland und Österreich aus rechtlichen Gründen nicht möglich ist, kann das Schweizer Unternehmen ECI in Muttenz/Schweiz erfüllen: Speziell gemischte Tees aus chinesischen Drogen, die gegen die verschiedensten Beschwerden eingesetzt werden. So zum Beispiel Abführkur, Anti-Stress-Tee, Appetit-Tee, Blasen-Nierenkur, Brust- und Hustenkur, Diabetikertee, Frauentee, Gicht-Rheumakur, Grippekur, Haartee, Herz- und Kreislaufkur, Kopfschmerzkur, Leber- und Gallekur, Magen- und Darmkur, Schilddrüsenkur, Schlaf- und Nervenkur, Venentee, Wurmkur. Weitere Tees auf Anfrage. Die Bezugsadresse finden Sie auf Seite 57.

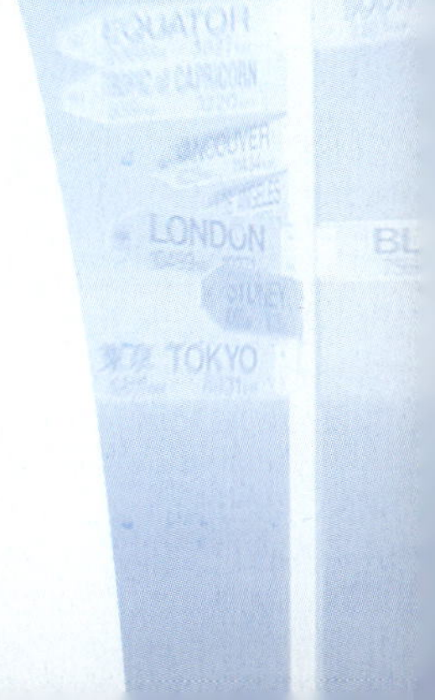

Service Verbraucherinformationen

Chinesische Tees in Verbrauchermedien

Die Stiftung Warentest, die Stiftung Ökotest sowie verschiedene Verbrauchermagazine der TV-Sender haben sich 1999 kritisch vor allem mit Grünem Tee und Pu-Erh-Tee befasst. »test«, die Zeitschrift der Stiftung Warentest, untersuchte beispielsweise 24 Pu-Erh-Tees und berichtete in ihrer Septemberausgabe 99 unter dem Titel »Ganz schön abgebrüht« über das Ergebnis: Drei Tees überschritten die zulässigen Höchstmengen an Pestiziden, sechs Tees waren »deutlich belastet«, jedoch noch unter den zulässigen Höchstmengen, 15 Tees waren »gering belastet«, der Pestizidgehalt dieser Tees lag weit unterhalb der gesetzlichen Höchstmengen. Dass auch biologisch angebaute Pu-Erh-Tees in Europa angeboten werden, war dem Magazin offenbar unbekannt. Diese Tees wurden nicht untersucht bzw. im Bericht über die Untersuchung nicht erwähnt.
Interessant in diesem Zusammenhang: »test« verlegt die Provinz Yunnan in diesem Bericht in den Norden Chinas, sie liegt jedoch im Südwesten an der Grenze zu Vietnam.

Chinesische Hausmittel bei Schnupfen

Mancher Mensch niest sich mehr durch den Winter, als dass er ihn geniesst. Schnupfen tritt so häufig auf, dass er fast schon als Normalzustand in der kalten Jahreszeit gilt. In den meisten Fällen ist er auch harmlos, heilt in maximal zehn Tagen ab. Kopfschmerzen, tränende Augen, eine gewisse Schwäche und eine verstopfte Nase sind zwar unangenehm, aber für sonst gesunde Menschen nicht gefährlich. Ist ein Schnupfen nach höchstens zehn Tagen nicht ausgeheilt, sollte man medizinischen Rat erfragen. Durch die Schwellung der Schleimhaut kommt es als Folge mitunter auch zu einer Entzündung der Nasennebenhöhlen, die leicht chronisch werden kann. Folgende Hausmittel haben sich in China bei Schnupfen bewährt und lassen sich auch bei uns problemlos anwenden:

Bei Schnupfen bewährt: Spülungen mit Dong-Ling-Tee, dem Sie etwas Kochsalz beigeben.

- Spülungen mit warmer Kochsalzlösung (ein Teelöffel Kochsalz auf einen halben Liter Dong-Ling/Bing-Ling-Tee, Temperatur etwa 40 °C) können die Schleimhaut abschwellen lassen und deren Abwehrkräfte anregen. Außerdem wird der Schleim gelöst.
- Inhalationen mit Drei-Blumen-Tee oder einfachem Kamillentee wirken entzündungshemmend auf die Schleimhaut.
- Die auch in Europa traditionellen Schwitzpackungen haben im Zeitalter der High-Tech-Pharmaindustrie absolut nichts an Wert eingebüßt.
- Gesichtsduschen mit eiskaltem Wasser tragen zum Wohlbefinden bei, weil sie die Schleimhautschwellung lindern und die lokale Entzündung der Nasenregion hemmen.
- Die Wohnung nicht zu stark heizen. Regelmäßig kurz, aber wirkungsvoll lüften.
- Auf Alkohol verzichten. Alkohol führt zu einer deutlichen Erweiterung der Blutgefäße. Dadurch wird die Schleimhautschwellung auch noch verstärkt.
- Ein besonderes Problem stellen die modernen Nasen-

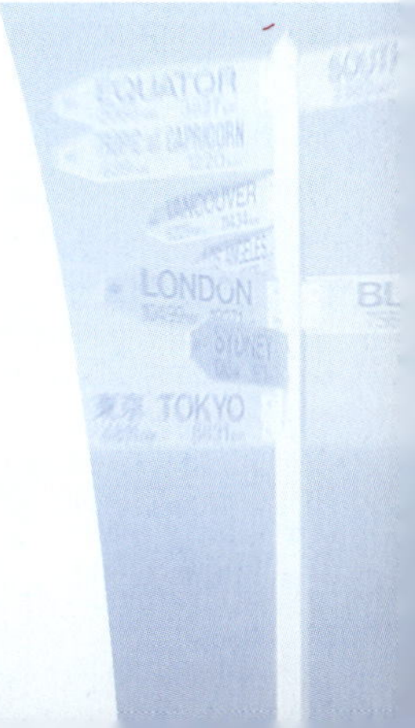

Service Verbraucherinformationen

sprays dar. Sie enthalten zwar in der Regel sehr wirksame Stoffe, welche die Blutgefäße der Nasenschleimhaut verengen und sie somit weniger Blut führen lassen. Wird aber die Durchblutung der Nasenschleimhaut zu lang gehemmt, ereilen sie Ernährungsstörungen. Die lokale Abwehr wird geschwächt. Nasensprays dürfen deshalb nur kurzzeitig angewandt werden. Dasselbe gilt auch für Nasentropfen.

Neues Mittel für das Immunsystem

Isatis Root (Isatis-Wurzel), in Deutschland bekannt als »Färberwaid«, ist seit Jahrhunderten in China als Wunder-Heilpflanze bekannt, Im neuen Jahrtausend kommt ein in China altbewährtes Naturpräparat auf den europäischen Markt, dem viele Wirkungen nachgesagt werden. Nach westlicher Erkenntnis hat Isatis Root (»Da Qing Ye«) antibakterielle und antivirale Wirkungen, nach chinesischer Sicht nimmt sie »übermäßige Hitze im Körper« weg. Sie kann somit Fieber senken, Entzündungen hemmen und Grippe und Erkrankungen der oberen Luftwege bekämpfen. Allgemein eignet sich die Wurzel, aus der auch der blaue Farbstoff Indigo gewonnen wird (mit Indigo werden seit jeher Blue Jeans eingefärbt), vor allem zu einer gleichmäßigen und sanften Stützung des gesamten Organismus. Nach dem Wissen der Traditionellen Chinesischen Medizin (TCM) hat Isatis Root unmittelbaren und schnellen Einfluss auf zentrale Funktionskreise unseres Körpers, reguliert das Qi (die nach TCM durch unsichtbare Kanäle im menschlichen Körper strömende Lebensenergie) und sorgt so für einen harmonischen Gleichklang zwischen Yin und Yang. Denn der wichtigste Grundsatz der chinesischen Medizin lautet: Wenn Yin und Yang ausgeglichen sind, ist und bleibt der Mensch gesund. Isatis Root, hergestellt in Beijing von dem ältesten TCM-Pharmaunternehmen Tong Ren Tang, wird derzeit in deutschen Universitätslabors getestet und soll demnächst in der Apotheke rezeptfrei erhältlich sein.

Register

Impressum

Der Autor
Dr. Li Wu studierte an der Universität für Naturwissenschaften und Technik Beijing sieben Jahre Traditionelle Chinesische Medizin (TCM). Nach Vollendung seiner Promotion ging er nach Deutschland, um an der Passauer Universität Psychologie und Germanistik zu studieren. Er ist in Deutschland als Heilpraktiker zugelassen und führt eine sehr erfolgreiche Praxis für chinesische Medizin in München-Bogenhausen.

Wichtiger Hinweis
Die im Buch veröffentlichten Ratschläge wurden mit größter Sorgfalt von Verfasser und Verlag erarbeitet und geprüft. Eine Garantie kann jedoch nicht übernommen werden. Ebenso ist eine Haftung des Verfassers bzw. des Verlages und seiner Beauftragten für Personen-, Sach- oder Vermögensschäden ausgeschlossen.

Bildnachweis
Umschlagfoto:
Stock Food/Susie Eising
Fotos: Tony Stone/C. Craymer 2; Franz Leipold 3; Hans Reinhard 5, 8, 11, 22, 36, 37; Wolfgang Pfau 12; Axel Weiss 14; ZEFA/Lassen 6; Picture Book 10; Sharpshooters 32; A. Inden 40; AKG Berlin 16; FOOD BOX 20, 26; Bavaria/Johannes Müller 24; VCP 28, 48; Eisele 30; VCL 44; Mauritius/Fichtl 61

Impressum
Midena Verlag, München

Redaktion: Franz Leipold
Lektorat: Ute Kleiner, Waldshut-Tiengen
Herstellung:
Gabriele Schnitzlein
Bildredaktion: Sylvie Busche
Umschlagkonzeption:
Hovedkvarteret, Kopenhagen
Gesamtlayout:
Hovedkvarteret, Kopenhagen, H3A GmbH und Hubert Mediendesign, München
Satz: H3A GmbH, München
Reproduktion:
Fotolito Longo, Bozen
Printed in Italy

ISBN 3-310-00654-9

Gedruckt auf elementar chlorfrei gebleichtem Papier